한국인, 인도네시아인 모두를 위한
일상 생활의 필수 회화

Penerapan &
Percakapan Bahasa
Indonesia-Korea Bahasa
Korea-Indonesia

Penerapan &
Percakapan Bahasa
Indonesia-Korea Bahasa
Korea-Indonesia

Aulia Djunaedi

활용
인도네시아인-한국어
한국인-인도네시아어
회화

Penerapan &
Percakapan Bahasa
Indonesia-Korea Bahasa
Korea-Indonesia

문예림

활용 인도네시아인-한국어 한국인-인도네시아어 회화

초판 2쇄 발행 2019년 4월 1일
초판 2쇄 발행 2019년 4월 5일

지은이 아울리아 주내디
펴낸이 서덕일
펴낸곳 도서출판 문예림

출판등록 1962.7.12 (제406-1962-1호)
주소 경기도 파주시 회동길 366 (10881)
전화 (02)499-1281~2 **팩스** (02)499-1283
대표전자우편 info@moonyelim.com
통합홈페이지 www.moonyelim.com
카카오톡 ("도서출판 문예림" 검색 후 추가)

디지털노마드의 시대, 문예림은 Remote work(원격근무)를 시행하고 있습니다.
우리는 세계 곳곳에 있는 집필진과 원하는 장소와 시간에 자유롭게 일합니다.
문의 사항은 카카오톡 또는 이메일로 말씀해주시면 답변드리겠습니다.

ISBN 978-89-7482-827-1(13790)

잘못된 책이나 파본은 교환해 드립니다.
본 책은 저작권법에 의해 보호를 받는 저작물이므로 무단 전재와 복제를 금합니다.

머리말

　한국과 인도네시아의 관계가 점점 발전하는 것은 물론이거니와 한국에 사는 인도네시아 사람들이 많아지고 있습니다 그리하여 저는 인도네시아어를 배우는 한국 사람과 한국에서 살고 있는 인도네시아 사람들을 위하여 이 책을 출판하였습니다.

　이 책은 한국과 인도네시아 두 나라의 단어와 문법을 설명한 책입니다. 뿐만 아니라 한국어 문법을 인니어로 설명하는 책은 현재 이 책이 유일합니다. 한국어의 모든 문법을 설명하는 것은 아니지만 한국에서 자주 사용되는 문법들 그리고 인도네시아 문법이 충분히 설명되어 있습니다.

　한국어를 수정하는데 도움을 주신 이승혜 씨와 설윤채 씨에게 감사의 마음을 전달하고 싶습니다. 나아가 이 책을 만들 수 있는 문예림 출판사에도 이 기회를 주셔서 감사하다고 전하고 싶습니다.

아울리아 주내디

Kata Pengantar

Buku ini diperuntuk kan bagi orang Korea yang sedang belajar bahasa Indonesia dan juga bagi orang Indonesia yang bertempat tinggal di Korea Selatan. Seiring dengan Kedekatan hubungan dua negara ini, Korea Selatan dan Indonesia serta dikarenakan jumlah penduduk Indoneska di Korea yang semakin banyak sedemikian halnya dengan populasi penduduk Korea di Indonesia maka buku percakapan bahasa Indonesia-Korea ini diterbitkan.

Buku ini lebih mengarah pada kosakata dan tata bahasa dua negara ini. Buku ini merupakan satu-satunya buku di Korea yang memuat tata bahasa Korea dengan penjelasan dalam bahasa indonesia.Tidak semua tata bahasa Korea dibahas karena ragam dan tingkatannya sangat luas tetapi bisa dipastikan dapat cukup membantu pemahaman penduduk Indonesia mengenai tata bahasa Korea.

Terimakasih banyak kepada 이승혜 dan 설윤채 atas bantuan mereka dalam mengkoreksi bahasa Korea dan pemahaman saya mengenai tata bahasa Korea. Terimakasih sebesar-besarnya kepada penerbit MoonYeaLim yang memberikan kesempatan pada saya untuk membuat dan menerbitkan buku percakapan bahasa Indonesia-Korea ini.

Aulia Djunaedi

목 차 Daftar Isi

머리말 ··· **3**

제1부 발음(Pengucapan)

제1과 인도네시아어 발음(Pengucapan Bahasa Indonesia) **/ 16**
  1. 모음의 발음(Pengucapan Huruf Vokal)
  2. 자음의 발음(Pengucapan Huruf Konsonan)

제2과 한국어 발음(Pengucapan Bahasa Korea) **/ 19**

제2부 문법(Tata Bahasa)

제1과 인도네시아어 문장형식
  (Kalimat Bahasa Indonesia) **/ 26**
  1. 주어 + 술어
  2. 전치사: di, ke, dari, pada (~에서; ~에; ~로; ~로부터, ~에)
  3. Kepemilikan(saya-aku, anda-kamu, dia, kami-kita, mereka, beliau)(인칭대명사(저는-나는, 당신-너는, 그분/그 여자, 그들)라는 의미를 나타낸다)
  4. Pukul / jam (시간)
  5. Peringkat: ke (부사의 서수를 설명한다)
  6. 다른 주어 + 술어(형용사)
  7. 단어(명사) 중복

목 차 Daftar Isi

8. 형용사로 수식
9. 주어 + 동사
10. 주어 + 동사 + 목족이 + 보어
11. 부사: 품질이나 상향에 알려주다
12. Tidak vs Bukan (동사 & 형용사–않는다 vs 명사–아니다)
13. Menerangkan lokasi: muka, depan, belakang, samping, sebelah, antara, tengah, luar, dalam, atas, bawah (부사의 장소 (–앞에, –되에, –옆에, –사이에, –가운데, –밖에, –안에, –위에, –아래)라는 의미를 나타낸다)
14. Yang : –한. 부사의 형용사 구를 형성하며, 수식하는 형용사의 의미를 강조한다
15. Pertanyaan (의문사)
16. 수량사의 종류: orang, ekor, helai, buah, biji, butir, batang, pucuk, potong, bidang, tangkai, pasang
17. Dengan 부사의 형용사의 동급/함께 쓰여/도구를 사용하다/접속사/동반 관계)라는 의미를 나타낸다
18. Kata hubung (a) : lalu, kemudian, dan, tetapi (부사의 (–그리고 나서, –그리고, 그런데) 라는 의미를 나타낸다)
19. Kata hubung 등위 접속사(b): sesudah, sebelum (부사의 (후에, 전에)라는 의미를 나타낸다)
20. Kata hubung (c) : selagi, ketika, pada saat, pada waktu, sewaktu (시간을 나타내는 전치사(–하면서, –때)라는 의미를 나타낸다)
21. Kata hubung (d) : sejak, sejak ⋯hingga/sampai, selama (시간을 나타내는 전치사(–이래, –부터 ～까지/ 까지, 동안)라는 의미를 나타낸다)
22. Menjelaskan pengertian akan sesuatu (Tahu, kenal,

memahami, mengerti) (부사의 (–알다; –알고 있다; –에 이해하다)라는 의미를 나타낸다)

23. Memberi pendapat dan menjelaskan keadaan/informasi: bahwa, jika/apabila/ bila, kalau (부사의 의견을 주기 또 정보/상황을 알아주기 (–에 관하여, –만약)라는 의미를 나타낸다)

24. Memberikan solusi: seharusnya, semestinya, lebih baik, kalau-mungkin lebih (부사의 용해를 주다 (–더 난다/–더 좋다)라는 의미를 나타낸다)

25. Menerangkan sesuatu yang harus dikerjakan: harus, mesti (부사의 해야 하는(–해야 하다, –해야 된다)라는 의미를 나타낸다)

26. Menyatakan frekuensi: Selalu, sering, kerap, kadang-kadang, hampir tidak pernah, tidak pernah (부사의 도수: 항상, 자주, 가끔, 거의 없는, –한 적의 없는)

27. Tentang, mengenai, akan- ((–에 관하여)라는 의미를 나타낸다)

28. Menyatakan kemiripan: Seperti, bagai ((–와 같은, –처럼)라는 의미를 나타낸다)

29. Menerangkan kegunaan atau tujuan berbuat sesuatu: Bagi, untuk, guna, demi ((–을 위하여)라는 의미를 나타낸다)

30. Mari, Ayo (–자, –합시다)라는 의미를 나타낸다

31. Jangan (–하지 마시오)라는 의미를 나타낸다

32. Tolong, bolehkah (부탁하다; –해도 될까)라는 의미를 나타낸다

33. Menerangkan alasan/penyebab: karena, sebab, lantaran (– 때문에)라는 의미를 나타낸다

목 차 Daftar Isi

34. Menerangkan keinginan: mau, ingin (–하고 싶은)라는 의미를 나타낸다
35. Menerangkan hal yang akan dilakukan/akan terjadi: akan, hendak ((–할 것이다/–될 것이다)라는 의미를 나타낸다)
36. Memprediksikan sesuatu yang akan terjadi: mungkin, sepertinya, kelihatannya ((태도를 나타내는 전치사: –보인다)라는 의미를 나타낸다)
37. ~lah; ~합시다
38. ~kah? 의문사를 만듦
39. 형용사 문법 (a): sama, se- ((–같은)라는 의미를 나타낸다)
40. 형용사 문법 (b): lebih/lebih ..daripada, paling/ter- 부사의 (–더, –보다 –더, 제일)라는 의미를 나타낸다
41. Meminta izin: bolehkah, bisakah ((호락을 물어보기 –해도 될까요)라는 의미를 나타낸다)
42. Ber-
43. -an
44. Me-
45. Me-an
46. Me-i
47. Di-kan
48. Se-
49. Ter-
50. Pe-
51. Pe-an / per-an
52. Ke-an

목차 Daftar Isi

53. Kata-kata kasar Indonesia (거칠한 단어)
54. Kata-kata gaul (Jakarta) (자카르타에 속어 단어)
55. Menjelaskan sesuatu yang ilmiah (sangat formal): Berdasarkan, menurut (과학적으로 사용하는 단어)
56. Ucapan-ucapan dibalik arti sesungguhnya (속에 있는 뜻이)
57. Ucapan-ucapan salam yang sering digunakan (생활에 사용되어 인사)
58. Beberapa peribahasa (속담)
59. Singkatan (약어)

제2과 한국어 문장형식(Kalimat Bahasa Korea) / 94

a. 연음화
b. 격식체-비격식체표
c. 모음조화
d. 동사-형용사의 과거 활용표
e. 종결어미 활용표
f. 연결어미 활용표
g. 수와 단위표1
h. 수와 단위표2
i. 달력
j. 피동표
k. 사동표
l. 동사 수식표
m. 형용사 수식표

목 차 Daftar Isi

n. 제1형식: 주어 + 완전자동사
o. 제2형식: 주어 + 보어 + 불완전자동사
p. 제3형식: 주어 + 목적어 + 완전타동사
q. 제4형식: 주어 + 직접목적어(간접목적어) + 간접목적어(직접목적어) + 복합동사
r. 제5형식: 주어수식어 + 주어 + 목적어수식어 + 목적어 + 동사수식어 + 완전타동사
s. 주격조사
t. 직접목적격조사
u. 간접목적격조사

1. 입니다 / 입니까
2. (명사 / 형용사) ㅂ / 습니다
3. (동사 / 형영사) ㄹ / 으수록
4. (명사 / 형용사) ㄹ 거에요 / 동사 일 거에요
5. (명사 / 형용사) 기
6. (명사)로 / 으로 인해서
7. 명사 + ~처럼
8. 명사—을 / 를 위해 / 위해서 & 동사 + 기 위해 / 위해서
9. –에 대하여 / –에 대해서
10. –에 따라서
11. (동사 / 명사) – (이) 나
12. (동사 / 형용사) –라고 하다 & –냐고 하다
13. 명사에 대한 & 명사 ~에 대해서
14. (동사)은 / 는 김에
15. (동사 / 형용사)더니

목차 Daftar Isi

16. (동사/형용사) -지요
17. (동사/형용사) -군요
18. (동사/형용사)은/는 셈이다
19. 얼마나 (형용사)ㄴ/은지 모르다/알다
    얼마나 (동사)는지 모르다/알다
20. (동사/형용사) (은/는) 것이다
21. 동사 -아/어/여 버리다
22. 동사 -자마자
23. (동사/형용사) -니까/(이)니까
24. (동사/형용사) (으) 나 마나
25. (동사)느니 차라리
26. 어차피 (동사/형용사) 니/으니까
27. ~밖에 → 명사 + 밖에
28. ~뿐만 아니라
29. (명사)치고
30. (동사)는 법이다/(형용사) (으)ㄴ 법이다
31. (동사)다시피
32. (형용사)(으)ㄴ 모양이다/(동사)(으)ㄴ/는(으)ㄹ 모양이나
33. (동사) (으) ㄹ게 뻔하다
34. (동사) (으) ㄹ래야 (동사) (으) ㄹ수 없다
35. 미처 (동사)지 못하다/모르다
36. (형용사/동사) (으/는) ㄴ데도 불고하고
37. (시간 명사) 만에
38. (형용사/동사) (으)ㄴ/는 데다가
39. (동사/형용사) 길래

목 차 Daftar Isi

40. (동사) 도록
41. -겠네요
42. -만큼 se-
43. -을/를 통해서
44. (동사) 듯이
45. (명사) 답다
46. (동사) 곤 하다
47. 명사 + 때문에 & 동사하기 때문에
48. -았/었/였을 텐데
49. (동사) 았/었/였더니
50. (동사·형용사) (으) ㄴ/는 (으)ㄹ줄 알다/모르다
51. 사동
52. (명사) (이) 야말로
53. (동사)는 대로
54. (동사) (으) 려던 참이다
55. (동사) 든지 (동사)든지
56. (동사/형용사) 기는 (동사/형용사) 지만
57. (동사/형용사) 더라도

제3부 주로 사용하는 단어
(Kosakata yang digunakan)

제1과 가족관계(Hubungan Keluarga—후붕안 끌루아르가) / 196
제2과 숫자(Angka—앙까) / 198

목 차 Daftar Isi

제3과 시간(Waktu—왁뚜) / **202**

제4과 색깔(Warna—와르나) / **205**

제5과 방향(Arah—아라ㅎ) / **207**

제6과 측량 단위(Pengukuran—쁭우꾸란) / **208**

제7과 신체(Badan / Tubuh—바단 / 뚜부ㅎ) / **210**

제8과 의학(Obat—오밧) / **211**

제9과 교통(Lalu Lintas—랄루 린따ㅅ) / **214**

제10과 일상생활용품(Barang Kebutuhan Sehari-hari—
바랑 끄부뚱한 스하리 하리) / **216**

제4부 주요 대화(Bagian Percakapan)

제1과 인사(Salam—살람) / **228**

제2과 소개(Perkenalan—쁘르끄날란) / **231**

제3과 감사와 사과 표현
(Espresi Berterimakasih dan Meminta maaf—
엑ㅅ쁘레시 브르뜨리마까시ㅎ 단 므민따 마앞) / **234**

제4과 부탁이나 권유
(Permintaan dan Ajakan—쁘르민따안 단 아작깐) / **236**

제5과 집에서 식사할 때(Pada waktu makan dirumah—
빠다 왁뚜 마깐 디 루마ㅎ) / **241**

목 차 Daftar Isi

제6과 외식할 때(Pada waktu makan di luar—
       빠다 왁뚜 마깐 디 루아ㄹ) / 244

제7과 교통(Lalu Lintas—랄루 린따ㅅ) / 250

제8과 전화 사용(Menelepon—므늘레뽄) / 253

제9과 약국에서(Di apotek—디 아뽀떽) / 256

제10과 병원에서(Di rumah sakit—디 루마ㅎ 사낏) / 259

제11과 호텔에서(Di hotel—디 호뗄) / 262

제12과 미용실에서(Di salon kecantikan—디 살론 끄짠띡깐)
       / 266

제13과 공항에서(Di bandara udara—디 반다라 우다라) / 271

제14과 우체국에서(Di kantor pos—디 깐또ㄹ 뽀ㅅ) / 276

제15과 가게에서(Di toko—디 또꼬) / 280

제5부 질의응답

제1과 질의 / 286
제2과 응답 / 294

부록: 한-인도네시아 양국편람 / 302

제1부 발음
Pengucapan

- 제1과 인도네시아어 발음
  (Pengucapan Bahasa Indonesia)
- 제2과 한국어 발음
  (Pengucapan Bahasa Korea)

제1과 인도네시아어 발음(한국인을 위한)

Pengucapan Bahasa Indonesia

A	아	H	하	O	오	V	훼
B	베	I	이	P	페	W	웨
C	쩨	J	제	Q	키	X	엑스
D	데	K	까	R	에르	Y	예
E	에	L	엘	S	에스	Z	젵
F	에프	M	엠	T	떼		
G	게	N	엔	U	우		

Ⅰ. 모음의 발음(Pengucapan Huruf Vokal)

▶ a: '아'로 발음 된다.
　 apa 〈a-pa〉 (아-빠); aku 〈a-ku〉 (아-꾸); tua 〈tu-a〉 (뚜-아)

▶ i: '이'로 발음 된다.
　 itu 〈i-tu〉 (이-뚜); ikan 〈i-kan〉 (이-깐)

▶ e: 단어에 따라 발음은 '으'이나 '어' 또한 '에'. 발음은 '으'와 '어'의 중간 소리를 낸다. 그러나 중 간소리를 재기가 쉽지 않아서 이 사전은 '으'로 선택된다
　 Bedah 〈be-dah〉 (브-닿); begitu 〈be-gi-tu〉 (브-기-뚜); teduh 〈te-duh〉 (뜨-뚷)

발음 Pengucapan

또한 다른 발음은 '에'
Meja ⟨me-ja⟩(메-자); enak ⟨e-nak⟩ (에-낙)
- u: '우'로 발음된다.
  Udang ⟨u-dang⟩ (우-당); sudah ⟨su-dah⟩ (수-닿)
- O: '오'로 발음된다.
  Obat ⟨o-bat⟩ (오-밧); roti ⟨ro-ti⟩ (로-띠)

Ⅱ. 자음의 발음(Pengucapan Huruf Konsonan)

B: 'ㅂ'으로 된다. Bau ⟨ba-u⟩ (바-우); Bosan ⟨bo-san⟩ (보-산)	N: 'ㄴ'으로 된다. Nama ⟨na-ma⟩ (나-마); Nikah ⟨ni-kah⟩ (니-깧)
C: 'ㅉ'으로 된다. Coba ⟨co-ba⟩ (쪼-바); Cara ⟨ca-ra⟩ (짜-라)	P: 'ㅃ'이나 'ㅍ'으로 된다. 인도네시아는 지역에 따라 엑센트가 차이가 있습니다. Kepada ⟨ke-pa-da⟩ (끄-빠-다) Kepada ⟨ke-pa-da⟩ (끄-파-다)
D: 'ㄷ'으로 된다. Dikau ⟨di-ka-u⟩ (디-까-우); Dengan ⟨deng-an⟩ (등-안)	Q: 'ㅋ'으로 된다. Quran ⟨Qu-ran⟩ (꾸-란)
F: 'ㅍ'으로 된다. Faham ⟨fa-ham⟩ (파-함); film (필음)	R: 'ㄹ'으로 된다. Rajin ⟨ra-jin⟩ (라-진); Ribut ⟨ri-but⟩ (리-붓)
G: 'ㄱ'으로 된다. Gigi ⟨gi-gi⟩ (기-기); Gelisah ⟨ge-li-sah⟩ (글-리-사ㅎ)	S: 'ㅅ'으로 된다. Santai ⟨san-ta-i⟩ (산-따-이); Supir ⟨su-pir⟩ (수-피ㄹ)

H: 'ㅎ'으로 된다. Himbau ⟨him-ba-u⟩ (힘-바-우); Hutan ⟨hu-tan⟩ (후-딴)	T: 'ㄸ'으로 된다. Teman ⟨te-man⟩ (떼-만); Titip ⟨ti-tip⟩ (띠-띱)
J: 'ㅈ'으로 된다. Jelita ⟨jelita⟩ (젤-리-따); Juta ⟨ju-ta⟩ (주-따)	V: 'ㅂ'으로 된다. Vokal ⟨vo-kal⟩ (보-깔)
K: 'ㄲ'으로 된다. Kamus ⟨ka-mus⟩ (까-무ㅅ); Kuku ⟨ku-ku⟩ (꾸-꾸)	W: '와'으로 된다. Wanita ⟨wa-ni-ta⟩ (와-니-따); Wisata ⟨wi-sa-ta⟩ (외-사-따)
L: 'ㄹ'으로 된다. Lama ⟨la-ma⟩ (라-마); Lima ⟨li-ma⟩ (리-마)	Y: '이'으로 된다. Yoyo ⟨yo-yo⟩ (요요); ya (야)
M: 'ㅁ'으로 된다. Minum ⟨mi-num⟩ (미-눔); Makan ⟨ma-kan⟩ (마-깐)	Z: 'ㅈ'으로 된다. Zebra ⟨ze-bra⟩ (제-브라)

발음 Pengucapan

제2과 한국어 발음(인도네시아인을 위한)

Pengucapan Bahasa Korea

Huruf Hangeul (한글) terdiri dari 40; 21 vokal dan 19 konsonan.

∷ Vokal

아 (a)	어 (eo)	오 (o)	우 (u)	으 (eu)
야 (ya)	여 (yeo)	요 (yo)	유 (yu)	이 (i)
애 (ae)	얘 (yae)	에 (e)	예 (ye)	
와 (wa)	왜 (wae)	외 (we)	워 (wo)	
워 (wo)	위 (wi)	의 (ui)		

Pengucapan "어" dengan "오", begitu pula "애", "에", dan "으" susah untuk dibedakan, berikut beberapa contoh untuk mempermudah mengingat pengucapan huruf-huruf diatas.

  a. "어" (eo)

    Seperti "Oh" dengan nada tinggi.

    어디: eo di = dimana

    어떻게: eo tteo kee = bagaimana

  b. "오" (o)

    Seperti "obat", "otak", "botak" dan lainnya.

    Semua "o" di Indonesia dengan pengucapan "오" tetapi tentu saja dipengaruhi daerah dan logat masing-masing daerah.

오리: o ri: bebek

오렌지: 오 ren ji: jeruk

c. "애" (ae)

Seperti "bebek".

대학교: dae hak kyo= universitas

절대: jeol dae= tidak pernah

d. "에" (e)

Seperti "sepak", dan "sebal"

게으른: gee u reun=malas

느리게: neu ri ge=dengan lambat

e. "으" (eu)

Seperti "empat" dan "embun"

다음주: da eum ju= minggu depan

오늘: o neul= hari ini

:: Konsonan

ㄱ (g)	ㄴ (n)	ㄷ (d)	ㅇ (ng)
ㅁ (m)	ㅂ (b/v)	ㅅ (t)	ㅌ (th)
ㅈ (j)	ㅊ (ch)	ㅋ (kh)	
ㅍ (ph)	ㅎ (h)	ㄹ (r/l)	

ㄲ (kk)	ㅆ (st)
ㄸ (tt)	ㅉ (c)
ㅃ (p)	

발음 Pengucapan

:: Peraturan-peraturan Pengucapan

Kosakata	Pergantian Kosakata	Pengucapan	Arti
적어도	저거도	Jeo geo do	Sekurang-kurangnya
참으로	차므로	Cha meu ro	Benar-benar
홑이불	호티불	Ho ti bul	Selimut
옷이	오시	O si	Pakaian(nya)
밖에	바께	Ba kke	Luar
없어요	업서요	Eob seo yo	Tidak ada
앉아요	안자요	An ja yo	Duduk
밟아요	발바요	Bal ba yo	Menapaki, menjejaki

:: Perubahan 1

Huruf 1	Huruf 2 (Patokan)	Perubahan	Contoh	Contoh Perubahan	Pengucapan	Arti
ㄱ, ㅋ	ㄴ, ㅁ & ㅇ	ㅇ	국물	궁물	Gung Mul	Kuah
ㄷ, ㅅ, ㅈ, ㅊ, ㅌ, ㅎ	ㄴ, ㅁ & ㅇ	ㄴ atau ㅁ	낱말	난말	Nan Mal	Kata
ㅂ, ㅍ	ㄴ, ㅁ & ㅇ	ㅁ	갑니다	감니다	Gam ni da	Pergi

:: Perubahan 2

Huruf 1	Huruf 2 (Patokan)	Perubahan	Contoh	Contoh Perubahan	Pengucapan	Arti
ㅎ	ㄱ	ㅋ	생각하다	생가카다	Saeng ga kha da	Berpikir
ㅎ	ㄷ	ㅌ	좋다	초타	Cho tha	Bagus
ㅎ	ㅂ	ㅍ	입히다	이피다	I phi da	memakaikan
ㅎ	ㅈ	ㅊ	앉하다	안차다	An Cha da	Duduk

:: Perubahan 3

Huruf 1	Huruf 2 (Patokan)	Perubahan	Contoh	Contoh Perubahan	Pengucapan	Arti
ㄷ	이	지	닫이	다지	Da ji	ditutup
ㅌ	이	치	같이	가치	Gat chi	Bersama

:: Perubahan 4

Huruf 1	Huruf 2 (Patokan)	Perubahan	Contoh	Contoh Perubahan	Pengucapan	Arti
ㄴ	ㄹ	ㄹ	신라	실라	Sil la	Salah satu di Korea

발음 Pengucapan

:: Perubahan 5

Huruf 1	Huruf 2 (Patokan)	Perubahan	Contoh	Contoh Perubahan	Pengucapan	Arti
ㄱ	Dengan konsonan lain	ㄲ	먹다	머 따	Mo tta	Makan
ㄷ		ㅃ	젊더	절 따	Jeol tta-	Muda-
ㅂ		ㄸ	받다	바따	Ba tta	Menerima
ㅈ		ㅉ	빚다	비짜	Bi cca	Memasak, membuat

제2부 문 법
Tata Bahasa

- 제1과 인도네시아어 문장형식
  (Kalimat Bahasa Indonesia)
- 제2과 한국어 문장형식
  (Kalimat Bahasa Korea)

제1과 인도네시아어 문장형식(한국인을 위한)

Kalimat Bahasa Indonesia

1. 주어 + 술어

Saya (사야–저)	Guru (구루–선생님)	저는 선생님입니다.
Anda (안다–당신)	Pengusaha (쁭우사하–상업가/상인)	당신은 상업가입니다.
Dia (디아–그 남자/그녀)	Penyanyi (쁘냔이–가수)	그녀는 가수이에요.
Mereka (므레까–그들)	Penari (쁘나리–댄서)	그들은 댄서이에요.
Kami/Kita (까미/끼따–우리)	Pelajar (쁠라자ㄹ–학생)	우리는 학생입니다.
Beliau (블리아우–그 남자/그녀)	Dokter (독떼ㄹ–의사)	그 남자는 의사님입니다.
Ayah saya (아야ㅎ 사야–우리 아버지)	Karyawan (까ㄹ야완–직장인)	우리 아버지는 직장인입니다.
Ini (이니–이것)	Bank (뱅–은행)	이것은 은행입니다.
Itu (이뚜–저것)	ibu saya (이부 사야–우리 어머니)	그분은 우리 어머니이에요.

2. 전치사: di, ke, dari, pada

Di(–에서, –에); ke(–로); dari(–로부터, –에서)

문법 Tata Bahasa

▸ Kami berasal dari kota Seoul.
 까미   브ㄹ아살 다리 꼬따 서울
 (우리는 서울에서 왔습니다.)

▸ Young Min lahir di kota Daejeon.
 영민   라히ㄹ 디 꼬따 대전
 (영민씨는 대전에서 태어났습니다.)

▸ Vonny lahir pada tahun 1990.
 보니   라히ㄹ 빠다 따훈   슴빌란벨라ㅅ 슴빌란 뿔루ㅎ
 (보니씨가 1990년에 태어났습니다.)

▸ Saya pulang ke rumah.
 사야 뿔랑   꼬 루마ㅎ
 (저는 집에 갑니다.)

3. Kepemilikan (saya-aku, anda-kamu, dia, kami-kita, mereka, beliau) (인칭대명사(저는-나는, 당신-너는, 그분/그 여자, 그들) 라는 의미를 나타낸다)

저	Saya, aku 사야, 아꾸	ku 꾸	Ini bukan tasku 이니 부깐 따ㅅ꾸	이것은 저의 가방 아닙니다
당신, 너	Anda, kamu 안다, 까무	mu 무	Apakah ini karcismu? 아빠까? 이니 까ㄹ찌ㅅ무?	이 표는 너 표입니까?
그들, 그녀	Dia, ia 디아, 이아	nya 냐	Rumahnya besar sekali 루마ㅎ 냐 브사ㄹ 스깔리	그(남자/여자)의 집이 너무 커요.
우리	Kami, kita 까미, 끼따	kami, kita 까미, 끼따	Presiden kami perempuan 쁘레시덴 까미 쁘름뿌안	우리 대통령이 여자이에요.

그들	Mereka 므레까	mereka 므레까	Tanah ini milik mereka 따나ㅎ 이니 밀릭 므레까	이땅은 그들의 땅이에요.

4. Pukul/jam (시간)

Jam (satu) 1 잠　(사뚜)	1/2 (1.5) setengah 스뜽아ㅎ
Jam (dua) 2 잠　(두아)	Jam 5:30 잠 스뜽아ㅎ 으남 잠 리마 띠가뿔루ㅎ
Jam (tiga) 3 잠　(띠가)	Jam 9:30 잠 스뜽아ㅎ 스뿔루ㅎ 잠 슴빌란 띠가 뿔루ㅎ
Jam (empat) 4 잠　(음빳)	Jam (sembilan lima belas) 9:15 잠　(슴빌란　리마　블라ㅅ)
Jam (lima) 5 잠　(리마)	Jam (delapan empat puluh lima) 8:45 잠　(들라빤　음빳　뿔루ㅎ　리마)
Jam (enam) 6 잠　(으남)	Jam (sembilanlebih lima belas) 9:15 잠 (슴빌란 르비ㅎ 리마블라ㅅ)
Jam (tujuh) 7 잠　(뚜주ㅎ)	Jam (sembilankurang lima belas) 8:45 잠　(슴빌란 꾸랑　리마　블라ㅅ)
Jam (delapan) 8 잠　(들라빤)	Pukul (sebelas lebih dua puluh) 11:20 뿌꿀　(스블라ㅅ 르비ㅎ 두아 뿔루ㅎ)
Jam (sembilan) 9 잠　(슴빌란)	Pukul (duabelas lebih empat puluh) 12:40 뿌꿀　(두아 블라ㅅ 르비ㅎ 음빳　뿔루ㅎ)
Jam (sepuluh) 10 잠　(스뿔루ㅎ)	Pukul (duabelas kurang lima) 11:55 뿌꿀　(두아 블라ㅅ 꾸랑　리마)

문법 Tata Bahasa

Jam (sebelas) 11 잠　(스블라ㅅ)	Pukul (duabelas) 12 뿌꿀　(두아블라ㅅ)
Jam (duabelas) 12 잠　(두아 블라ㅅ)	Pukul (tiga) 3 뿌꿀　(띠가)

5. Peringkat: ke (부사의 서수를 설명한다)

Ke (satu) 1 / Pertama 끄　(사뚜) /　쁘ㄹ따마	천번째
Ke (dua) 2 끄　(두아)	두 번째
Ke (tiga) 3 끄　(띠가)	셋 번째
Ke (empat) 4 끄　(음빳)	넷 번째
Ke (lima) 5 끄　(리마)	다섯 번째

6. 다른 주어 + 술어(형용사)

| Buku itu (그 책)
부꾸　이뚜
Pragawati itu (그 모델)
쁘라가와띠　이뚜
Pemain sepak bola itu 쁘마인 세빡 볼라 이뚜
(그 축구 선수) | Tebal (두껍다)
뜨발
Cantik (예쁘다)
짠띡
Tinggi (크다)
띵기 | 그 책은 두꺼워요.

그 모델은 예뻐요.

그 축구 선수는 키가 크다. |

Adik saya (우리 동생) 아딕 사야 Ilmuwan itu (그 과학자) 일무완 이뚜	Sedih (슬프다) 스디ㅎ Pandai (똑똑하다) 빤다이	우리 동생은 슬프다. 그 과학자는 똑똑하다.

7. 단어(명사) 중복

Anak-anak	아낙 아낙	아이들
Ibu-ibu	이부 이부	아주마들 / 엄마들
Kura-kura	꾸라 꾸라	거북이
Kupu-kupu	꾸뿌 꾸뿌	나비
Oleh-oleh	올레ㅎ 올레ㅎ	기념품

8. 형용사로 수식

Beberapa orang	브브라빠 오랑	몇몇 사람
Banyak mobil	반약 모빌	많은 자동차
Tiga ekor anjing	띠가 에꼬르 안징	강아지 새 마리
Dua laptop	두아 랩톱	노트 북 두 개
Tiga pacar	띠가 빠짜르	애인 세 명

9. 주어 + 동사

▸ Bayi itu + tidur = bayi itu tidur.
　바이　이뚜　띠두르
　(그 아이가 잔다)

문법 Tata Bahasa

- Sekretaris + sedang bekerja = sekretaris sedang bekerja.
  스크르따리ㅅ   스당   브끄ㄹ자
  (비서가 일하고 있다)

- Murid-murid + sedang belajar = Murid-murid sedang belajar.
  무릳   무릳   스당   블라자ㄹ
  (학생들이 공부하고 있다)

- Ibu guru + sedang mengajar = Ibu guru sedang mengajar.
  이부   스당   믕아자ㄹ-
  (선생님이 가르치고 있다)

- Kucing + bersembunyi = Kucing bersembunyi.
  꾸찡   브ㄹ슴분이
  (고향이가 숨기다)

10. 주어 + 동사 + 목적어 + 보어

- Lia membeli pensil di toko buku.
  리아 음블리   벤실 디 또꼬 부꼬
  (리아씨가 서점에 연필을 샀었다)

- Para buruh makan siang di kantin.
  빠라 부루ㅎ   마깐   시앙 디 깐띤
  (노동자들이 매점에 점심 식사합니다)

- Kami memancing ikan di danau.
  까미   므만찡   이깐 디 다나우
  (우리는 호수에 물고기/생선을 낚시하다)

- Mereka menonton film di bioskop.
  므레까   므논똔   필음 디 비엇꼽
  (그들은 영화관에서 영화를 보아요)

▶ Kim Min Hee menukarkan uang di bank.
김 민 희 므누까ㄹ깐 우앙 디 벵
(김민희씨가 은행에 돈을 바꿨다)

11. 부샤: 품질이나 상향에 알려주다

Sedang	스당	하고 있다
Akan	아깐	할 것이다
Sudah	수다ㅎ	했다
Belum	블룸	아직
Pernah	쁘르나ㅎ	했다 / 해 본 적이 있다
Masih	마시ㅎ	아직
Ingin	잉인	원하다
Mau	마우	원하다 / 하려고 하다
Harus	하루ㅅ	해야하다
Suka	수까	좋아하다
Boleh	볼레ㅎ	가능하다 / 할 수 있다
Mungkin	뭉낀	아마
Sangat	상앗	아주, 매우, 돼개
Cukup	쭈꿉	충분한 / 적당한
Agak	아각	약간 / 조금
Perlu	쁘르루	필요가 있다
Bisa	비사	할 수 있다
Dapat	다빳	할 수 있다

- Saya sedang makan.
  사야 스당 마깐
  (저는 식사하고 있는 중이다)

- Sudah jam 8.
  수다ㅎ 잠 들라빤
  (이미 8시이다)

- Kakek belum tidur.
  까껙 블룸 띠두ㄹ
  (할아버지는 아직 주무시지 않는다)

- Saya pernah ke Perancis.
  사야 쁘ㄹ나ㅎ 끄 쁘란찌ㅅ
  (저는 프랑스에 가본 적이 있다)

- Anak saya masih kecil.
  아낙 사야 마시ㅎ 끄찔
  (저의 아이는 아직 어리다)

- Saya ingin pergi ke Jakarta.
  사야 잉인 쁘ㄹ기 끄 자까ㄹ따
  (저는 자카르타로 가기를 원한다)

- Saya mau belajar bahasa Indonesia.
  사야 마우 블라자ㄹ 바하사 인도네시아
  (나는 인도네시아어를 공부하고 싶다)

- Saya harus bekerja.
  사야 하루ㅅ 브끄ㄹ자
  (나는 일해야 한다)

- Saya suka belanja.
  사야 수까 블란자
  (나는 쇼핑을 좋아한다)

- Boleh masuk?
  볼레ㅎ 마숙
  (들어가도 됩니까?)

- Nenek mungkin sedang di rumah.
  네넥 뭉낀 스당 디 루마ㅎ
  (할머니는 아마 집에 계실 것이다)

- Matematika sangat susah.
  마뜨마띠까 상앗 수사ㅎ
  (수학은 매우 어렵다)

- Film itu cukup menarik.
  필름 이뚜 쭈꿉 므나릭
  (그 영화는 매우 흥미롭다)

- Toni agak pemalu.
  또니 아각 쁘말루
  (토니는 약간 부끄럼쟁이이다)

- Bapak perlu koran itu.
  바빡 쁘ㄹ루 꼬란 이뚜
  (아버지는 그 신문이 필요하다)

- Saya bisa berenang.
  사야 비사 브르낭
  (나는 수영을 할 수 있다)

- Dia dapat berbicara bahasa Inggris.
  디아 다빳 브르비짜라 바하사 잉그리ㅅ
  (그는 영어로 말할 수 있다)

문법 Tata Bahasa

12. Tidak vs Bukan
(동사 & 형용사-않는다 vs 명사-아니다)

※ Tidak (부정부사 tidak은 동사 및 형용사 부정사를 부정할 때 사용되며, 부정하고자 하는 동사나 형용사 앞에 위치한다.)

- Saya tidak makan roti.
  사야 띠닥 마깐 로띠
  (저는 빵을 먹지 않는다)

- Saya tidak minum susu.
  사야 띠닥 미눔 수수
  (저는 우유를 마사지 않는다)

- Dia tidak rajin.
  디아 띠닥 라진
  (그분은 부지런하지 않다)

※ Bukan (부정부사 bukan은 명사를 부정할 때 사용되며, 부정하고자 하는 명사 앞에 위치한다.)

- Ini bukan kamus.
  이니 부깐 까무ㅅ
  (이것은 사전이 아니다)

- Saya bukan orang Amerika.
  사야 부깐 오랑 아메리까
  (저는 미국 사람이 아닙니다)

- Kami bukan petinju.
  까미 부깐 쁘딘주
  (우리는 권투 선수가 아닙니다)

13. Menerangkan lokasi: depan, belakang, samping, sebelah, antara, tengah, luar, dalam, atas, bawah (부사의 장소(-앞에, -뒤에, -옆에, -사이에, -가운데, -밖에, -안에, -위에, -아래)라는 의미를 나타낸다)

a. Depan 드빤 (앞)

▸ Dia berdiri di depan anda.
디아 브ㄹ디리 디 드빤　　안다
(그는 당신 앞에 서 있다)

▸ Tempat dudukku di kereta berada di depan Young Min.
뜸빳　　두둑꾸　　디　끄레따　브리디　디　드빤　　　영미
(기차에서의 내 좌석은 영민 앞에 있다)

b. Belakang 블라깡 (뒤)

▸ Ibu guru memperhatikan murid-murid dari belakang.
이부　규류　믐쁘ㄹ하띠깐　　　　무릿-무릿　　　다리　블라깡
(선생님은 뒤에서 학생들을 관찰한다)

▸ Dari belakang pertandingan sepak bola itu dapat terlihat
다리　블라깡　　쁘ㄹ딴딩안　　　세빡　볼라　이뚜 다빳　뜨ㄹ리핫
dengan jelas.
등안　　즐라ㅅ
(그 축구 경기장 뒤에서 분명하게 보인다)

c. Samping 삼삥 (옆)

▸ Ia duduk di samping saya.
이아 두둑　디　삼삥　　　사야
(그는 내 옆에 앉아 있다)

문법 Tata Bahasa

- Pada waktu saya sakit, ibu selalu berada di sampingku.
  빠다 왁뚜 사야 사낏, 이부 슬랄루 브라다 디 삼삥꾸
  (내가 아플 때에, 어머니는 항상 내 옆에 계신다)

d. Sebelah 스블라ㅎ (옆)

- Rumah saya ada di sebelah restoran Perancis yang terkenal itu.
  루마ㅎ 사야 아다 디 스블라ㅎ 레스또란 프란찌ㅅ 양 뜨ㄹ끄날 이뚜
  (저의 집은 그 유명한 프랑스 레스토랑 옆에 있다)

- Toni berdiri di sebelah kiriku.
  토니 브ㄹ디리 디 스블라ㅎ 끼리꾸
  (토니는 내 왼쪽에 서 있다)

f. Antara 안따라 (사이)

- Indonesia terletak di antara Australia dan Malaysia.
  인도네시아 뜨ㄹ르딱 디 안따라 아우ㅅ뜨랄리아 단 말라이시아
  (인도네시아는 호주와 말레이시아 사이에 위치한다)

- Di antara kami sudah tidak ada kebencian.
  디 안따라 까미 수다ㅎ 띠닥 아다 끄븐찌안
  (우리 사이에는 이미 미움이 없어졌다)

g. Tengah 뜽아ㅎ (가운데, 중앙)

- Kota Semarang terletak di tengah-tengah pulau Jawa.
  꼬따 스마랑 뜨ㄹ르딱 디 뜽아ㅎ 뜽앙 뿔라우 자와
  (스마랑시는 자바섬 정가운데에 위치한다)

- Saya tidak berada di pihak manapun.
  사야 띠닥 브라다 디 삐학 마나뿐
  (저는 어느 편에도 있지 않다)

h. Luar 루아ㄹ (밖)

▸ Saya menaruh tumbuhan-tumbuhan saya di luar rumah.
사야   므나루ㅎ   뚬부한뚬부한   사야   디 루아ㄹ 루마ㅎ
(저는 집 밖에 저의 식물들을 두었다)

▸ Hal itu di luar perkiraan saya.
할   이뚜 디 루아ㄹ 쁘ㄹ끼라안   사야
(그 사항은 제 예상 밖이다)

i. Dalam 달람 (안)

▸ Kunci rumah saya ada di dalam tas saya.
꾼씨   무마ㅎ   사야   아디 디 달람   따ㅅ 사야
(저의 집 열쇠는 내 가방 안에 있다)

▸ Dalam hati saya, saya mengeluh.
달람   하띠 사야,   사야   믕으루ㅎ-
(제 마음속에서, 저는 한숨을 쉬었다)

j. Atas 아따ㅅ (위)

▸ Kota Seoul terletak di atas Kota Pusan.
꼬따   서울   뜨ㄹ르딱   디 아따ㅅ 꼬따   부산
(서울시는 부산시 위에 위치한다)

▸ Di atas langit ada surga.
디   아따ㅅ 랑잇   아다 수ㄹ가
(하늘 위에 천국이 있다)

k. Bawah 바와ㅎ (아래)

▸ Kedudukan Ibu Molia di bawah Ibu Elisa.
끄두두깐   이부 몰리아   디 바와ㅎ   이부 엘리사
(몰리아씨 지위는 엘리사씨 아래이다)

문법 Tata Bahasa

▸ Kamarnya ada di bawah tanah.
까마ㄹ냐　　아다　디　바와ㅎ　따나ㅎ
(그의 방은 지하에 있다)

14. Yang -한. 부사의 형용사 구를 형성하며, 수식하는 형용사의 의미를 강조한다

Yang의 유무에 따라 의미가 변하는 우형들도 있으므로 주의해야 한다.

a. Orang besar
　오랑　　브사ㄹ
　(지위가 높은 사람)

▸ Orang yang besar
　오랑　양　브사ㄹ
　(몸집이 큰 사람)

b. Gadis seksi
　가디ㅅ　섹시
　(지의가 섹시한 아가씨)

▸ Gadis yang seksi
　가디ㅅ　양　섹시
　((그)몸이 섹시한 아가씨)

c. Tugas berat
　뚜가ㅅ　브랏
　(어려운 일/임무)

▸ Tugas yang berat
　뚜가ㅅ　양　브랏
　(어려운 일/임무)

15. Pertanyaan (의문사)

Apa?	아빠?	뭐 / 무엇
Siapa?	시아빠?	누구
Kapan?	까빤?	언제
Di mana?	디 마나?	어디
Ke mana?	끄 마나?	어디로
Dari mana?	다리 마나?	어디서
Yang mana?	양 마나?	어느 것
Bagaimana?	바가이마나?	어떻게
Kenapa?/Mengapa?	끄나빠?/릉아빠?	왜

▸ Apa ini?
　아빠　이니?
　(이것은 무엇입니까?)

▸ Siapa itu?
　시아빠　이뚜?
　(그 사람은 누구입니까?)

▸ Kapan ulang tahun anda?
　까빤　울랑　따훈　안다?
　(당신의 생일은 언제입니까?)

▸ Di mana anda bekerja?
　디　마나　안다　브끄ㄹ자?
　(당신은 어디에서 일합니까?)

▸ Ke mana ibu pergi?
　끄　마나　이부　쁘ㄹ기?
　(어머니는 어디로 가십니까?)

문법 Tata Bahasa

▸ Dari mana kau?
다리 마나   까우
(너는 어디에서 왔니?)

▸ Dari mana anda berasal?
다리 마나   안다 브ㄹ아살
(당신은 어디 출신입니까?)

▸ Yang mana dompet anda?
양   마나   돔뻿   안다?
(당신의 지갑은 어느 것입니까?)

▸ Bagaimana rasa sate?
바가이마나   라사 사떼?
(사떼 맛은 어떻습니까?)

▸ Kenapa Young Hwa begitu sedih?
끄나빠   영화   브기뚜 스디ㅎ
(왜 영화는 그렇게 슬픕니까?)

16. 수량사의 종류: orang, ekor, helai, buah, biji, butir, batang, pucuk, potong, bidang, tangkai, pasang

Orang	오랑	명, 분
Ekor	에꼬르	마리
Helai	흘라이	장, 벌
Buah	부아ㅎ	권, 대
Biji	비지	톨, 개
Butir	부띠ㅎ	개, 알
Batang	바땅	그루, 대, 자루

Pucuk	뿌쭉	통, 자루
Potong	뽀똥	조각,
Bidang	비당	필지
Tangkai	땅까이	송이, 다발
Pasang	빠상	두(2)개, –짝, 켤레, –쌍

- Pekerja di kantor saya ada empat puluh (40) orang.
  쁘끄ㄹ자 디 깐또ㄹ 사야 아다 음빳 뿔루ㅎ (40) 오랑
  (내 사무실의 직원은 사십 명이다)

- Anjing saya ada tiga (3) ekor.
  안징 사야 아다 띠가 (3) 에꼬ㄹ
  (저의 강아지는 세 마리이다)

- Saya butuh tiga (3) helai kertas.
  사야 부뚜ㅎ 띠가 (3) 흘라이 끄ㄹ따ㅅ
  (저는 종이 세 장이 필요하다)

- Mobil Bapak Bambang ada dua (2) buah.
  모빌 바빡 밤방 아다 두아 (2) 부아ㅎ
  (밤방씨의 차는 두 대이다)

- Jeruk di kulkas ada enam (6) buah.
  즈룩 디 꿀까ㅅ 아다 으남 (6) 부아ㅎ
  (냉장고의 귤은 여섯 개이다)

- Young Kwan setiap hari makan sebutir telur.
  영관 스띠앞 하리 마깐 스부띠ㄹ 뜰루ㄹ
  (영관은 매일 계란 한 개를 먹는다)

문법 Tata Bahasa

- Di kotak pensil ada dua (2) batang pensil.
  디 꼬딱 뻰실 아다 두아 (2) 바땅 뻰실
  (필통에는 연필 두 자루가 있다)

- Saya menerima sepucuk surat dari pacar saya.
  사야 므느리마 스뿌쭉 수랏 다리 빠짜르 사야
  (저는 내 애인으로부터 편지 한 통을 받았다)

- Tujuh (7) potong ayam untuk meja sembilan (9).
  뚜주ㅎ (7) 뽀똥 아얌 운뚝 메자 슴빌란 (9)
  (구 번 테이블에 닭 일곱 조각)

- Dua (2) bidang tanahnya penuh sampah.
  두아 (2) 비당 따나ㅎ냐 쁘누ㅎ 삼빠ㅎ
  (그의 땅 두 부분이 쓰레기로 가득 찼다)

- Di vas ini ada sepuluh (10) tangkai bunga.
  디 바ㅅ 이니 아다 스뿔루ㅎ (10) 땅까이 붕아
  (이 꽃병에는 꽃 열 송이가 있다)

- Yeo Gyeong membeli dua (2) pasang sepatu.
  여경 믐블리 두아 (2) 빠상 스빠뚜
  (여경은 구두 두 켤레를 산다)

17. Dengan: 부사의 형용사의 동급/함께 쓰여/도구를 사용하다/접속사/동반 관계)라는 의미를 나타낸다

a. 접속사(dan)

- Myoung Sun dengan Young Ju sedang bekerja di bar.
  명순 등안 영주 스당 브끄르자 디 바르
  (명순과 영주는 바에서 일하고 있는 중이다)

▸ Film ini merupakan hasil jerih payah PT.CJJ dengan
필음   이니 므루빠깐   하실 즈리ㅎ 빠야ㅎ   뻬떼 쩨제제 등안
pemerintah Indonesia.
쁘므린따ㅎ   인도네시아
(이 영화는 인도네시아 정부와 쩨제제 주식회사의 노력의 결과이다)

b. 도구를 사용하다

▸ Saya pergi ke kota Pusan dengan kereta api.
사야   쁘르기 끄   꼬따   뿌산   등안   끄레따   아삐
(저는 기차를 타고 부산시로 간다)

▸ Pembunuh itu menyiksa kakek itu dengan pisau.
쁨부누ㅎ   이뚜 믄익사   까꼑   이뚜 등안   삐사우
(그 살인자는 칼로 그 할아버지를 고문했다)

c. 동반 관계

▸ Lia pergi jalan kaki dengan anjingnya.
리아 쁘르기 잘란   까끼   등안   안징냐
(리아는 그녀의 강아지와 산책을 갔다)

d. 형용사와 함께 쓰여 부사

▸ Ia belajar bahasa Arab dengan internet.
이아 블라자ㄹ 바하사   아랍   등안   인뜨ㄹ넷
(그는 인터넷으로 아랍어를 배운다)

▸ Mereka mempromosikan bazaar itu dengan facebook.
므레까   음쁘로모시깐   바자ㄹ 이뚜   등안   페이스북
(그들은 페이스북으로 그 행사를 홍보한다)

문법 Tata Bahasa

18. Kata hubung (a) : lalu, kemudian, tetapi (부사의 (-그리고 나서, -그리고, 그런데)라는 의미를 나타낸다)

a. Lalu 랄루 (그리고 나서)

- Pagi ini saya bertemu dengan presiden perusahaan A lalu
  빠기 이니 사야 브르뜨무 등안   쁘레시덴   쁘루사하안   아 랄루
  siang harinya saya ke kantor imigrasi.
  시앙   하리냐   사야 끄 깐또르 이미그라시
  (오늘 아침에 저는 A회사 회장님을 만나고 그리고 나서 낮에 저는 이민국으로 간다)

- Pertama kali saya ke Korea sebagai turis, lalu sebagai pelajar.
  쁘르따마 깔리 사야 끄 꼬레아   스바가이   뚜리스, 랄루   스바가이   쁠라자르
  (저는 첫 번째에는 한국에 여행객으로 갔고, 그리고 나서는 학생으로써 갔다)

b. Kemudian 끄무디안 (그리고 나서)

- Didihkan air terlebih dahulu kemudian masukan mie dan
  디디ㅎ깐   아이르 뜨르르비ㅎ 다훌루   끄무디안   마숙깐   미 단
  sayur-sayuran.
  사유르 사유란
  (물을 먼저 끓이고 그리고 나서 국수와 야채들을 넣으시오)

- Pertama kali saya ke Korea sebagai turis, lalu sebagai pelajar,
  쁘르따마 깔리 사야 끄 꼬레아   스바가이   뚜리스, 랄루   스바가이   쁠라자르,
  5 tahun kemudian saya bekerja di perusahaan ternama.
  리마 (5) 따훈 그무디안   사야   브끄르자 디 쁘루사하안   뜨르나마
  (저는 첫 번째에는 한국에 여행객으로 갔고, 그리고 나서는 학생으로써, 5년 뒤에 저는 유명한 회사에 일을 했다)

c. Tetapi 뜨따삐 (그런데, 근데)

- Restoran Italia di Itaewon itu enak tetapi harganya mahal.
  레스또란   이딸리아 디 이태원   이뚜 에낙 뜨따삐 하르가냐   마하르
  (그 이태원에 있는 이탈리아 레스토랑은 맛있지만 가격이 비싸다)

- Saya ingin pergi berjalan-jalan tetapi saya tidak ada waktu.
  사야 잉인 쁘르기 브르잘란-잘란   뜨따삐 사야 띠닥 아다 왁뚜
  (저는 여행 가기를 원하지만 저는 시간이 없다)

19. Kata hubung 등위 접속사 (b): sesudah, sebelum (부사의 (후에, 전에)라는 의미를 나타낸다)

a. Sesudah 스수다ㅎ (그리고 나서)

- Sesudah makan bersama, kami pergi ke café shop.
  스수다ㅎ 마깐   브르사마, 까미 쁘르기 끄 카페 숍
  (함께 식사를 하고 나서, 우리는 커피숍으로 갔다)

- Sesudah menandatangani kontrak itu, ia resmi menjadi pekerja
  스수다ㅎ   므난다땅아니   꼰뜨락 이뚜, 이아 르스미 믄자디   쁘끄르자
  di perusahaan kami.
  디 쁘루사하안   까미
  (그 계약에 서명하고 나서, 그는 정식으로 우리 회사의 직원이 되었다)

b. Sebelum 스블룸 (그 전에)

- Sebelum tidur, saya membersihkan muka terlebih dahulu.
  스블룸   띠두르, 사야   믐브르시ㅎ깐   무까   뜨르르비ㅎ 다훌루
  (잠자기 전에, 저는 먼저 세수를 한다)

- Sebelumnya ia berpacaran dengan Bapak Kim, sebelumnya.
  스블룸냐   이아 브르빠짜란   등안   바빡   김,   스블룸냐

문법 Tata Bahasa

lagi dengan Bapak Lee, dan 3 bulan sebelumnya ia hampir
라기 등안   바빡   리, 단 띠가(3) 불란 스블룸냐   이아 함삐ㄹ
bertunangan dengan Bapak Park.
브ㄹ뚜낭안   등안   바빡   박
(그녀가 김 씨와 연애를 하기 이전에, 그 전에 이 씨와 연애를 했고, 그리고 그 3개월 이전에는 그녀는 박 씨와 거의 약혼을 했었다)

20. Kata hubung (c) : selagi, ketika, pada saat, pada waktu, sewaktu (시간을 나타내는 전치사(-하면서, -때) 라는 의미를 나타낸다)

a. Selagi 슬라기 (그리고, 또한, 역시)

▸ Selagi menunggu sup ayam mendidih, Young Kwan
   슬라기 므눙구   숩 아얌 믄디디ㅎ,   영관
memotong semangka.
므모똥   스망까
(닭고기 수프가 끓는 것을 기다리면서, 영관은 수박을 잘랐다)

▸ Selagi menantikan kabar mengenai korban kecelakaan banjir,
   슬라기 므난띠깐   까바ㄹ 믕으나이 꼬ㄹ반 끄ㅉ라까안   반지ㄹ,
saya berdoa.
사야 브ㄹ도아
(홍수사고 희생자에 관한 소식을 기다리면서, 저는 기도했다)

b. Ketika 끄띠까 (그때)

▸ Ketika membetulkan sepatu, tas saya diambil pencopet.
   끄띠까 믐브뚤깐   스빠뚜, 따ㅅ 사야 디암빌   쁜쪼뼷
(구두를 고치고 있을 때, 제 가방을 소매치기 당했다)

- Ketika itu saya masih muda, jadi saya tidak tahu kalau hal itu
  끄띠까 이뚜 사야 마시ㅎ 무다, 자디 사야 띠닥 따후 깔라우 하ㄹ 이뚜
  tidak boleh.
  띠닥 볼레ㅎ
  (그 때 저는 아직 어려서, 저는 그 일이 안 되는 것인지 몰랐다)

c. Pada saat 빠다 사앗 (그때)

- Pada saat saya sedang merokok dengan santai tiba-tiba bos
  빠다 사앗 사야 스당 므로꼭 등안 산따이 띠바-띠바 보ㅅ
  besar datang bersama tamu.
  브사ㄹ 다땅   브ㄹ사마   따무
  (내가 쉬면서 담배를 피우고 있었을 때, 갑자기 사장님이 손님과 함께 왔다)

- Di hari pernikahanku, saya hanya bisa menangis karena pada
  디 하리 쁘ㄹ니까ㅎ한꾸,   사야 한야   비사 므낭이ㅅ 까르나 빠다
  saat itu merupakaan saat yang paling bahagia buat saya.
  사앗 이뚜 므루빠깐   사얏 양   빨링   바하기아 부앗 사야
  (나의 결혼식 날, 그 순간이 나에게 가장 기쁜 날이었기 때문에 나는 단지 울 수만 있었다)

d. Pada waktu 빠다 왁뚜 (그때)

- Pada saat saya menunggu anda, tiba-tiba ada telepon masuk
  빠다 사앗 사야 므눙구   안다,   띠바-띠바 아다 뜰레뽄   마숙
  dari mantan pacar saya.
  다리 만딴   빠짜ㄹ 사야
  (내가 당신을 기다릴 때, 갑자기 저의 전 애인에게서 전화가 왔다)

- Oh peristiwa itu terjadi 10 tahun yang lalu, pada waktu itu
  오   쁘리ㅅ띠와   이뚜 뜨ㄹ자디 스뿔루ㅎ (10) 따훈 양 랄루, 빠다   왁뚜   이뚜

문법 Tata Bahasa

Indonesia masih dipimpin Presiden Suharto.
인도네시아 마시ㅎ 디삠삔 쁘레시덴 수하르또
(오, 그 사건은 십 년 전에 발생했고, 그 때에 인도네시아는 아직 수하르토 대통령에 의해 통치되고 있었다)

e. Sewaktu 스왁뚜 (그때)

▶ Sewaktu saya melamun, saya dikagetkan oleh lotre yang
스왁뚜 사야 믈라문, 사야 디까겟깐 올레ㅎ 로뜨레 양
isinya saya pemenang lotre no 3.
이시냐 사야 쁘므낭딴 로뜨레 노메르 띠가
(내가 멍해졌을 때는, 내가 로또 3등을 한 내용의 로또로 매우 놀랐던 때이다)

▶ Sewaktu bergosip ria di telepon, bayi tiba-tiba merangkak
스왁뚜 브르고싶 리아 디 뜰레뽄, 바이 띠바-띠바 므랑깍
dan jatuh dari lantai 2.
단 자뚜ㅎ 다리 란따이 두아(2)
(전화로 가벼운 수다를 떨 때, 그녀의 아기가 갑자기 기어가서 2층에서 떨어졌다)

21. Kata hubung (d) : sejak, sejak ... hingga/sampai, selama (시간을 나타내는 전치사(-이래, -부터 ~까지/까지, 동안)라는 의미를 나타낸다)

a. Sejak 스작 (이래)

▶ Gedung ini sudah ada sejak masa penjajahan Belanda.
그둥 이니 수다ㅎ 아다 스작 마사 쁜자자한 블란다
(이 건물은 네덜란드 식민지배 시기 이래로 있었다)

- Sejak dari pagi muka Ibu guru Dian masam.
  스작   다리   빠기   무까   이부   구루   디안   마삼
  (아침부터 디안선생님의 얼굴은 뾰로통해 있다)

b. Sejak … hingga/sampai 수작…힝가/삼빠이 (부터 ~ 까지)

- Sejak pertama kali bertemu sampai sekarang saya masih
  스작   쁘르따마   깔리   브르뜨무   삼빠이   스까랑   사야   마시ㅎ
  mencintaimu.
  믄찐따이무
  (처음 만났을 때부터 지금까지 저는 여전히 너를 사랑한다)

- Sejak dari dulu saya ingin ke Korea tetapi sampai sekarang
  스작   다리   둘루   사야   잉인   끄   꼬레아   뜨따삐   삼빠이   스까랑
  masih belum kesampaian.
  마시ㅎ   블룸   끄삼빠이안
  (이전부터 저는 한국에 가고 싶었지만 지금까지 실현하지 못했다)

c. Selama 슬라마 (동안)

- Selama saya masih memerlukan uang, saya akan terus bekerja
  슬라마   사야   마시ㅎ   므므르루깐   우앙,   사야   아깐   뜨루ㅅ   브끄르자
  di perusahaan itu.
  디 쁘루사하안   이뚜
  (제가 돈이 여전히 필요한 동안에는, 저는 계속 그 회사에서 일을 할 것이다)

- Jadi selama ini kamu berbohong padaku?!!
  자디   슬라마   이니   까무   브르보홍   빠다꾸
  (그래서 여태 동안 너는 나에게 거짓말 한 것이니?!!)

문법 Tata Bahasa

22. Menjelaskan pengertian akan sesuatu (Tahu, kenal, memahami, mengerti) (부사의 (-알다; -알고 있다; -에 이해하다)라는 의미를 나타낸다)

Tahu는 어떠한 사실을 안다고 할 때 씁니다.
Kenal은 어떠한 사람과 아는 사이다 라는 뜻으로 쓸 때 씁니다.
Memahami는 입장이나 상황 또는 처지를 이해한다고 할 때 씁니다.
Mengerti는 말 뜻을 이해하다는 의미로 쓴다.

▸ Apakah anda tahu dimana Kedutaan Indonesia?
  아빠까ㅎ 안다 따후 디마나 끄두따안 인도네시아
  (인도네시아 대사관에 어디 있는지 압니까?)

▸ Kami memahami kesulitanmu.
  까미 므마하미 끄술리딴무
  (우리는 단신의 어려운 것을 이해합니다)

▸ Apakah Bapak kenal dia?
  아빠까ㅎ 바빡 끄날 디아
  (당신은 그분을 아십니까?)

▸ Saya mengerti apa yang Bapak Presiden Direktur bicarakan.
  사야 응으르띠 아빠 양 바빡 쁘레시덴 디렉뚜ㄹ 비짜라깐
  (저는 대표이사 말씀하는 뜻을 이해합니다)

23. Memberi pendapat dan menjelaskan keadaan/informasi: bahwa, jika/apabila/ bila, kalau (부사의 의견을 주기 또 정보/상황을 알아주기 (-에 관하여, -만약)라는 의미를 나타낸다)

a. bahwa 바흐와 (-에 관하여)

▶ Di surat perjanjian ini tertuliskan bahwa komisi anda 5%.
디 수랏 쁘ㄹ잔지안 이니 뜨ㄹ뚤리ㅅ깐 바흐와 꼬미시 안다 리마(5)쁘ㄹ센
(이 계약서에는 당신의 수수료는 리마 5%로 적혀 있다)

▶ Bapak Direktur mengumumkan bahwa pelamar tanpa
바빡 디렉뚜르 등우뭄깐 바흐와 쁠라마ㄹ 딴빠
pengalaman tetap bisa diterima.
쁭알라만 뜨땁 비사 다떼리마
(이사님은 미경험 지원자도 채용될 수 있다고 공고했다)

b. Jika/apabila/bila 지까/아빠빌라/빌라 (만약)

▶ Apabila air sudah mendidih tolong panggil ibu.
아빠빌라 아이ㄹ 수다ㅎ 믄디디ㅎ 똘롱 빵길 이부
(물이 끓으면 어머니를 불러)

▶ Jika perbuatannya sudah keterlaluan, adukan dia ke bos besar.
지까 쁘ㄹ부아딴냐 수다ㅎ 끄뜨ㄹ라루안, 아두깐 디아 끄 보스 브사ㄹ
(그의 행동이 심할 경우에는, 그를 사장님에게로 신고하시오)

c. Kalau 깔라우 (만약 ~이면)

▶ Kalau masih panas, nyalakan ACnya.
깔라우 마시ㅎ 빠나스, 냘라깐 아세냐
(만일 아직 덥다면 에어컨을 켜시오)

▶ Kalau ada kesalahan, mohon dimaafkan.
깔라우 아다 끄살라ㅎ한, 모혼 디마앞깐
(잘못이 있다면 용서를 청하시오)

문법 Tata Bahasa

24. Memberikan solusi: seharusnya, semestinya, lebih baik, kalau-mungkin lebih (부사의 용해를 주다 (–더 낫다/–더 좋다)라는 의미를 나타낸다)

a. Seharusnya 스하루ㅅ냐 (~해야 하다)

▸ Seharusnya pemerintah tidak memberikan beasiswa begitu
스하루ㅅ냐   쁘므린따ㅎ   띠닥   믐브리깐   베아시ㅅ와   브기뚜
banyak pada pelajar asing.
반약   빠다   쁠라자ㄹ   아싱
(정부는 외국학생에게 그렇게 많은 장학금을 주지 않는 것이 당연하다)

▸ Seharusnya pegawai pemerintah melayani rakyat bukannya
스하루ㅅ냐   쁘가와이   쁘므린따ㅎ   믈라야니   락꺗   부깐냐
menerima uang suapan terus menerus.
므느리마   우앙   수아빤   뜨루ㅅ   므느루ㅅ
(공무원은 계속 뇌물을 받는 것이 아니라 민족을 위해 봉사해야 한다)

b. Semestinya 스므ㅅ띠냐 (~해야 하다)

▸ Semestinya peraturan di surat kontrak tidak dilanggar supaya
스므ㅅ띠냐   쁘ㄹ아뚜란   디   수랏   꼰뜨락   띠닥   디랑가ㄹ   수빠야
tidak terkena sanksi.
띠닥   뜨ㄹ끄나   상시
(계약서의 규정은 제재를 받지 않도록 위반하지 말아야 한다)

▸ Semestinya saya tidak berbuat begitu padamu.
스므ㅅ띠냐   사야   띠닥   브ㄹ부앗   브기뚜   빠다무
(저는 너에게 그렇게 안했어야 했는데요)

c. Lebih baik 르비ㅎ 바익 (~더 낫다)

▸ Lebih baik pemerintah tidak membiarkan turis asing untuk
르비ㅎ 바익 쁘므린따ㅎ 띠닥 믐비아ㄹ깐 뚜리ㅅ 아싱 운뚝
bolak balik ke Korea selama 1 tahun.
볼락 발릭 끄 꼬레아 쓸라마 사뚜(1)따훈
(정부가 1년 동안 한국으로 왕복하도록 외국 여행객을 내버려 두지 않는 것이 더 낫다)

▸ Lebih baik jangan menyekolahkan anak anda di sekolah itu,
르비ㅎ 바익 장안 믄예꼴라ㅎ깐 아낙 안다 디 스꼴라ㅎ 이뚜,
katanya mutunya kurang bagus.
까따냐 무뚜냐 꾸랑 바구ㅅ
(당신의 아이를 그 학교에 다니지 않게 하는 것이 더 낫다, 사람들 말에 의하면 학교 질이 덜 좋다고 한다)

d. Kalau 깔라우 (만약 ~이면)

▸ Kalau saja semua warga mentaati peraturan untuk tidak
깔라우 사자 스무아 와ㄹ가 믄따아띠 쁘ㄹ아뚜란 운뚝 띠닥
merokok di jalan, maka kota akan menjadi lebih baik.
므로꼭 디 잘란, 마까 꼬따 아깐 믄자디 르비ㅎ 바익
(모든 국민이 길에서 금연하는 규정을 지킨다면, 도시는 더 좋아질 것이다)

▸ Kalau sampai hal ini terdengar bos besar, mati saya.
깔라우 삼빠이 하ㄹ 이니 뜨ㄹ등아ㄹ 보ㅅ 베사ㄹ, 마띠 사야
(이 일이 사장님에게까지 들려지게 된다면, 저는 죽을 것이다)

문법 Tata Bahasa

25. Menerangkan sesuatu yang harus dikerjakan: harus, mesti (부사의 해야 하는(-해야 하다, -해야 된다)라는 의미를 나타낸다)

a. Harus 하루ㅅ (~해야 하는)

▸ Setiap tahun kontrak kerja harus diperbaharui dan visa harus
스띠앞 따훈 꼰뜨락 끄ㄹ자 하루ㅅ 디쁘ㄹ바하루이 단 비사 하루ㅅ
diperpanjang.
디쁘ㄹ빤장
(매 근무 계약 년은 갱신되어야 하며 비자는 연장되어야 한다)

▸ Kita sudah berlatih dengan giat, kita harus memenangkan
끼따 수다ㅎ 브ㄹ라띠ㅎ 등안 기앗, 끼따 하루ㅅ 므므낭깐
perlombaan ini.
쁘ㄹ롬바안 이니
(우리는 적극적으로 이미 연습을 했고, 우리는 이 경기에서 이겨야 한다)

b. Mesti 므ㅅ띠 (~해야 하는)

▸ Saya mesti menyelesaikan laporan keuangan sore ini kalau
사야 므ㅅ띠 믄예르사이깐 라뽀란 끄우앙안 소레 이니 깔라우
tidak saya tidak bisa pulang rumah.
띠닥 사야 띠닥 비사 뿔랑 루마ㅎ
(저는 오늘 오후에 재무보고서를 끝내야 한다. 만일 끝내지 못한다면, 나는 퇴근할 수 없다)

▸ Kita mesti bergegas mengejar kereta.
끼따 므ㅅ띠 브ㄹ그가ㅅ 믕으자ㄹ 끄레따
(우리는 기차를 쫓기 위하여 서둘러야 한다)

26. Menyatakan frekuensi: Selalu, sering, kerap, kadang-kadang, hampir tidak pernah, tidak pernah (부사의 도수: 항상, 자주, 가끔, 거의 없는, −한 적의 없는)

a. Selalu 슬랄루 (항상)

▸ Supervisorku selalu berlaku kejam baik di tempat kerja
수뻬ㄹ바이서ㄹ꾸   슬랄루   브ㄹ라꾸   끄잠   바익   디   뜸빳   끄ㄹ자
maupun di luar.
마우뿐   디 루아ㄹ
(내 상사는 일하는 장소뿐만 아니라 밖에서도 항상 엄격하게 행동한다)

▸ Setiap hari saya selalu menyempatkan waktu untuk menulis.
스띠앞   하리   사야   슬랄루   믄엠빳깐   왁뚜   운뚝   ㅁ눌리ㅅ
(매일 저는 항상 글을 쓰기 위한 시간을 만든다)

b. Sering 스링 (자주)

▸ Saya sering menangis jika teringat mantan pacar saya.
사야   스링   므낭이ㅅ   지까   뜨ㄹ잉앗   만딴   빠짜ㄹ   사야
(저는 나의 전 애인이 생각날 때 자주 운다)

▸ Seringkali terjadi kesalahpahaman diantara kita.
스링깔리   뜨ㄹ자디   끄살라ㅎ빠하만   디안따라   끼따
(우리 사이에는 자주 오해가 발생한다)

c. Kadang-kadang; terkadang 까당-까당; 뜨ㄹ까당 (∼가끔)

▸ Kadang-kadang saya membawa bekal ke sekolah, tapi
까당-까당   사야   므므바와   브까ㄹ 끄 스꼴라ㅎ,   따삐
terkadang saya pergi makan keluar bersama teman-teman
뜨ㄹ까당   사야   쁘ㄹ기   마깐   끌루아ㄹ   브ㄹ사마   뜨만-뜨만
kerja.
끄ㄹ자

문법 Tata Bahasa

(저는 가끔 학교에 도시락을 싸가지만, 가끔은 동료들과 함께 밖에 나가서 식사를 한다)

▸ Kadang-kadang ada banyak hal yang tidak bisa dijelaskan
까당-까당   아다 반약   하ㄹ 양   띠닥 비사 디즐라ㅅ깐

kenapa ada tulisan yang tidak diterima.
끄나빠   아다 뚤리산   양   띠닥 디뜨리미

(가끔 왜 받아들여지지 않는 글이 있는지 설명하기 어려운 많은 일들이 있다)

d. Hampir tidak pernah 함삐ㄹ 띠깐 쁘ㄹ나ㅎ (~거의 / ~한 적이 없다)

▸ Ibu Lee hampir tidak pernah lembur.
이부 리   함삐ㄹ   띠닥   쁘ㄹ나ㅎ   름부ㄹ

(이 씨는 잔업을 거의 한 적이 없다)

▸ Hampir tidak pernah terjadi demonstrasi di Korea.
함삐ㄹ   띠닥   쁘ㄹ나ㅎ   뜨ㄹ자디 데몬스뜨라시   디 꼬레아

(한국에서는 데모가 거의 발생한 적이 없다)

e. Tidak pernah 띠닥 쁘ㄹ나ㅎ (~절대로)

▸ Bapak Jeong Won tidak pernah mengambil cuti.
바빡   정원   띠닥   쁘ㄹ나ㅎ   믕암비ㄹ   쭈띠

(정원씨가 휴가를 쓴 적이 전혀 없어요)

▸ Saya tidak pernah menjelek-jelekan ibu saya.
사야   띠닥   쁘ㄹ나ㅎ   믄즐렉-즐렉깐   이부 사야

(저는 제 어머니를 욕되게 한 적이 전혀 없다)

27. Tentang, mengenai, akan ((-에 관하여)라는 의미를 나타낸다)

▸ Artikel ini tentang demonstrasi perusahaan A.
아르띠끌 이니 뜬땅 데몬스뜨라시 쁘루사하안 아
(이 사설은 A회사의 데모에 관한 것이다)

▸ Saya harus belajar tentang perekonomian di Vietnam.
사야 허루스 블라자르 뜬땅 쁘르에꼬노미안 디 비엣남
(저는 베트남의 경제에 관하여 공부해야 한다)

▸ Saya tidak tahu mengenai hal itu.
사야 띠닥 따후 믕으나이 할 이뚜
(저는 그 사항에 대해서 모른다)

▸ Saya sangat cemas akan kenaikan harga bensin.
사야 상앗 쯔마스 아깐 끄나이깐 하르가 벤신
(저는 휘발유 가격 상승에 대해서 매우 걱정된다)

28. Menyatakan kemiripan: Seperti, bagai ((-와 같은, -처럼)라는 의미를 나타낸다)

a. Seperti= ～와 같은/～처럼

▸ Gadis itu cantik seperti putri duyung.
가디스 이뚜 짠띡 스쁘르띠 뿌뜨리 두융
(그 소녀는 인어공주처럼 예쁘다)

▸ Molia anjing Lia berperilaku seperti tuannya.
몰리아 안징 리아 브르쁘릴라꾸 스쁘르띠 뚜안냐
(리아의 강아지인 몰리아는 주인처럼 행동한다)

문법 Tata Bahasa

b. Bagai= ~처럼

- Ia berdandan bagai model.
  이아 브ㄹ단단   바가이 모델
  (그는 모델처럼 단장한다)

- Bagai kucing dengan tikus.
  바가이 꾸찡   등안   띠꾸ㅅ
  (고양이와 쥐처럼)

29. Menerangkan kegunaan atau tujuan berbuat sesuatu: Bagi, untuk, guna, demi ((-을 위하여)라는 의미를 나타낸다)

a. Bagi (바기)

- Bagi penggemar K-pop kesempatan untuk ke Korea gratis
  바기 쁭그마ㄹ   께이 끄슴빠딴   운뚝 끄 꼬레아 그라띠ㅅ
  seperti surga.
  스쁘ㄹ띠 수ㄹ가
  (케이팝 팬에게 무료로 한국으로 갈 수 있는 기회는 천국과 같다)

- Bagi ketertiban negara, pemerintah mencoba untuk membatasi
  바기 끄뜨ㄹ띠반   느가라, 쁘므린따ㅎ   믄쪼바   운뚝 믐바따시
  orang asing yang tinggal tidak legal.
  오랑   아싱   양   띵갈   띠닥   레갈
  (국가질서를 위하여, 정부는 불법으로 거주하는 외국인들을 분리시키도록 시도한다)

b. Untuk (운뚝)

- Ini kalung emas untukmu.
  이니 깔룽   으마ㅅ 운뚝무
  (이것은 너를 위한 금 목걸이다)

- Bonus lebaran ini akan saya berikan untuk anak-anak yatim
  보누ㅅ 르바란 이니 아깐 사야 브리깐 운뚝 아낙-아낙 야띰
  piatu.
  삐아뚜
  (저는 이 휴가 보너스를 고아원 아이들을 위하여 줄 것이다)

- Untuk memperoleh keuntungan maksimal, anda harus
  운뚝 음쁘ㄹ올레ㅎ 끄운뚱안 막시말, 안다 하루ㅅ
  menekan keuangan untuk promosi.
  므느깐 끄우앙안 운뚝 쁘로모시
  (최대의 이익을 얻기 위하여, 당신은 홍보를 위한 재정을 중요시해야 한다)

c. Guna (구나)

- Peraturan terbaru yang dibuat oleh departemen pendidikan
  쁘ㄹ아뚜란 뜨ㄹ바루 양 디부앗 올레ㅎ 데빠ㄹ떼멘 쁘디딕깐
  guna untuk menjaga keharmonisan antar murid, baik murid
  구나 운뚝 믄자가 끄하ㄹ모니산 안따ㄹ 무릿 바익 무릿
  dari keluarga kaya, kelas menengah ataupun miskin.
  다리 끌루아ㄹ가 까야, 끌라ㅅ 므능아ㅎ 아따우뿐 므ㅅ낀
  (교육부에 의해 만들어진 새로운 규정은 가정형편이 좋거나 중간, 혹은 어려운 학생들간의 화합을 이루기 위함이다)

d. Demi (드미)

- Demi kebangkitan pariwisata Korea, pemerintah memperbaiki
  드미 끄방끼딴 빠리외사따 꼬레아, 쁘므린따ㅎ 음쁘ㄹ바이끼
  sistem transportasi dan akomodasi.
  시ㅅ뗌 뜨란ㅅ뽀ㄹ따시 단 아꼬모다시
  (한국관광 부흥을 위하여, 정부는 교통 및 숙박시스템을 개선한다)

문법 Tata Bahasa

- Demi anak-anaknya ia bekerja keras.
  드미   아낙-아낙냐   이아 브끄ㄹ자 그라스
  (그의 아이들을 위해서 그는 열심히 일한다)

30. Mari, Ayo (-자, -합시다)라는 의미를 나타낸다

- Mari kita makan bersama.
  마리 끼따 마깐   브ㄹ사마
  (우리 함께 식사합시다)

- Mari kita ke Indonesia liburan musim dingin ini.
  마리 끼따 끄 인도네시아   리부란   무심   딩인   이니
  (우리 이번 겨울 휴가 때 인도네시아로 갑시다)

- Ayo, jangan malas begitu. Kita bergembira akan kedatanganmu.
  아요, 장안   말라스 브기뚜. 끼따 쁘ㄹ금비라   아깐   그다땅안무
  (자, 그렇게 게으름 피우지마. 우리는 너의 방문을 반길거야)

- Ayo makan yang banyak.
  아요 마깐   양   반약
  (자, 많이 드십시오)

31. Jangan (-하지 마시오)라는 의미를 나타낸다

- Jangan mencoba untuk menyuapku. Saya tidak suka korupsi.
  장안   믄쪼바   운뚝   믄유앞꾸.   사야   띠닥   수까   꼬룹시
  (나에게 뇌물을 주려 하지 마십시오. 저는 부패행위를 싫어합니다)

- Jangan mencoba membohongi Bapak Park. Beliau mengenal
  장안   믄쪼바   믐보홍이   바빡   박.   블리아우 믕으날

banyak orang.
반약   오랑
(박 선생님에게 거짓말 하려 하지 마십시오. 선생님은 많은 사람들을 알고 있습니다)

▸ Jangan pergi ke restoran itu. Harganya mahal dan masakannya
장안   쁘르기 끄 레ㅅ또란   이뚜. 하르가냐   마하르 단 마사깐냐
kurang enak.
꾸랑   에낙
(그 레스토랑에 가지 마십시오. 가격은 비싸고 음식은 맛이 없습니다)

▸ Jangan membawa terlalu banyak uang kas jika berlibur di
장안   믐바와   뜨ㄹ랄루 반약   우앙 까ㅅ 지까 브르리부ㄹ 디
negara Asia Tenggara.
느가라   아시아 뜽가라
(동남아시아 국가로 휴가를 갈 때 너무 많은 현금을 가져가지 마십시오)

32. Tolong, bolehkah (부탁하다; –해도 될까)라는 의미를 나타낸다

▸ Tolong perlihatkan paspor dan KTP anda.
똘롱   쁘르리핫깐   빠ㅅ뽀ㄹ 단   까떼뻬 안다
(당신의 여권과 주민등록증을 보여 주십시오)

▸ Tolong jangan menelepon dengan suara keras di belakang supir.
똘롱 장안   므늘레뽄   등안   수아라 끄라ㅅ 디 블라깡   수삐ㄹ
(운전기사 뒤에서 큰 목소리로 통화하지 말아 주십시오)

▸ Bolehkah saya memakai toiletmu?
볼레ㅎ깡   사야   므마까이   또일렛무?
(제가 당신의 화장실을 사용해도 되겠습니까?)

문법 Tata Bahasa

▸ Bolehkah saya meminjam laptopmu malam ini, saya ada
　볼레ㅎ깡　　사야　므민잠　　랲똡무　　말람　이니, 사야　아다
laporan yang harus diselesaikan.
라뽀란　양　　하루ㅅ　디슬르사이깐
(제가 오늘 밤에 당신의 노트북을 사용해도 되겠습니까, 끝내야 될 보고서가 있습니다)

33. Menerangkan alasan/penyebab: karena, sebab, lantaran (- 때문에)라는 의미를 나타낸다)

a. Karena (까르나)

▸ Karena sudah bosan dengan pacarnya, Adi memutuskan Ida.
　까르나　수다ㅎ　보산　뜽안　빠짜르냐,　아디 므무뚜ㅅ깐　　이다
(그의 애인에게 싫증났기 때문에, 아디는 이다와 헤어졌다)

▸ Saya pindah ke Jakarta karena kesempatan untuk berkembang
　사야　삔다ㅎ　끄　자카르타　까르나　끄슴빠딴　　　운뚝　브르끔방
lebih besar.
르비ㅎ 브사ㄹ
(더 크게 발전할 수 있는 기회가 있어서 저는 자카르타로 이사한다)

b. Sebab (스밥)

▸ Demonstrasi dibalai kota semalam disebabkan tidak puasnya
　드몬스뜨라시　디발라이 꼬따　스말람　　디스밥깐　　　띠닥　뿌아ㅅ냐
para pekerja akan gaji.
빠라　쁘끄르자　아깐　가지
(어젯밤 시청에서의 데모는 근로자들이 급여에 대하여 불만족했기 때문에 발생한 것이다)

▸ Sebab pertengkaran itu uang.
스밥   쁘ㄹ뜽까란   이뚜 우앙
(그 언쟁의 원인은 돈이다)

c. Lantaran (란따란)

▸ Saya terpaksa mengundur rapat hari ini lantaran saya belum
사야 뜨ㄹ빡사 믕운두ㄹ   라빳 하리 이니 란따란   사야 블룸
kembali dari dinas kerja.
끔발리   다리 디나ㅅ 끄ㄹ자
(저는 노동청에서 아직 돌아가지 못해서, 어쩔 수 없이 오늘 회의를 연기하였다)

▸ Lantaran hal itu sudah dikemukakannya, jadi kita tidak perlu
란따란   할 이뚜 수다ㅎ 디끄무까깐냐,   자디 끼따 띠닥 쁘ㄹ루
mengungkitnya lagi.
믕웅낏냐   라기
(그 일은 이미 발견되었기 때문에, 우리는 다시 들추어 낼 필요가 없다)

34. Menerangkan keinginan: mau, ingin (-하고 싶은)라는 의미를 나타낸다

a. Mau (마우)

▸ Saya mau keluar dari perusahaan ini.
사야 마우 끌루아ㄹ 다리 쁘루사하안   이니
(저는 이 회사에서 나가길 원한다)

▸ Saya mau berbicara denganmu empat mata.
사야 마우 브ㄹ비짜라 등안무   음빳   마따
(저는 너와 마주보고 이야기하길 원한다)

문법 Tata Bahasa

▸ Saya mau keluar dari tim ini.
사야 마우 끌루아ㄹ 다리 팀 이니
(저는 이 팀에서 나가길 원한다)

b. Ingin (잉인)

▸ Saya ingin punya pacar.
사야 잉인 뿐야 빠짜ㄹ
(저는 애인을 갖고 싶다)

▸ Anak-anak ingin segera pergi ke taman.
아낙-아낙 잉인 스그라 쁘ㄹ기 끄 따만
(아이들은 얼른 놀이터로 가기를 원한다)

▸ Saya ingin mendapat kenaikan gaji.
사야 잉인 믄다빳 끄나익깐 가지
(저는 급여 향상을 얻길 원한다)

35. Menerangkan hal yang akan dilakukan/akan terjadi: akan, hendak ((-할 것이다/-될 것이다)라는 의미를 나타낸다)

a. Akan 아깐 (할 것이다)

▸ Saya akan pergi ke Singapura untuk berdagang.
사야 아깐 쁘ㄹ기 끄 싱가뿌라 운뚝 브ㄹ다강
(저는 무역을 위하여 싱가포르에 갈 것이다)

▸ Saya akan mencoba meminta Bapak Kepala Sekolah untuk memberikanmu surat rekomendasi.
사야 아깐 믄쪼바 므민따 바빡 끄빨라 스꼴라ㅎ 운뚝
음브리깐무 수랏 레꼬멘다시
(저는 학교장님께 너에게 추천서를 줄 것을 부탁드릴 것이다)

b. Hendak (흔닥)

▸ Saya hendak menge mukakan pendapat saya pada Ibu
사야 흔닥 믕으 무까깐 쁘다빳 사야 빠다 이부
Direktur.
디렉뚜ㄹ
(저는 이사님께 저의 의견을 보여드릴 것이다)

▸ Saya hendak menjelaskan hal itu ketika ia memenggal kalimat
사야 흔닥 믄즐라ㅅ깐 할 이뚜 끄띠까 이아 므믕갈 깔리맛
saya.
사야
(저는 그가 서의 밀을 자를 경우 그 사창을 설명할 것이다)

36. Memprediksikan sesuatu yang akan terjadi: mungkin, sepertinya, kelihatannya ((태도를 나타내는 전치사: –보인다)라는 의미를 나타낸다)

a. Mungkin 뭉낀 (아마도)

▸ Kemungkinan.
끄뭉끼난
(아마도)

▸ Karena keluarganya berencana untuk pergi ke luar negri,
까르나 끌루아ㄹ가냐 브른짜나 운뚝 쁘르기 끄 루아ㄹ 느그리,
Ruslim mungkin tidak akan membeli laptop baru.
루ㅅ림 뭉낀 띠닥 아깐 음블리 랩뚭 바루
(그의 가족이 해외로 나갈 계획을 세우고 있기 때문에, 루슬림은 아마도 새 노트북을 구입하지 않을 것이다)

문법 Tata Bahasa

▸ Kemungkinan projek itu akan ditunda sampai akhir Agustus
　끄뭉끼난　　　　쁘로젝　이뚜 아깐　디뚠다　삼빠이　아키ㄹ 아구ㅅ뚜ㅅ
karena krisis ekonomi.
까르나　끄리시ㅅ 에꼬노미
(그 프로젝트 가능성은 경제위기 때문에 8월 말까지 지연될 것이다)

b. Sepertinya 스쁘ㄹ띠냐 (～일 것 같은)

▸ Sepertinya Bapak masih belum pulang kerja karena tidak ada
　스쁘ㄹ띠냐　　바빡　　마시ㅎ　블룸　　뿔랑　　끄ㄹ자 까르나　띠닥　아다
mobil di garasi.
모비ㄹ　디　가라시
(아버지는 아직 퇴근하지 않은 것 같다. 왜냐하면 주차장에 차가 없기 때문이다)

▸ Sepertinya ia sudah tidak betah tinggal di kota kecil itu.
　스쁘ㄹ띠냐　　이아 수다ㅎ 띠닥　브따ㅎ　　띵갈　　디 꼬따　끄찔　이뚜
(그는 그 소도시에 사는 것을 더 이상 즐거워하지 않는 것 같다)

c. Kelihatannya 끌리하딴냐 (～보인다)

▸ Kelihatannya siang ini akan turun hujan, sejak pagi cuacanya
　끌리하딴냐　　　　시앙　　이니 아깐　　뚜룬　후잔,　스작　빠기　쭈아짜냐
mendung.
믄둥
(아침부터 날씨가 흐려서 오늘 낮에 비가 내릴 것처럼 보인다)

▸ Kelihatannya ia merahasiakan sesuatu.
　끌리하딴냐　　　이아 므라하시아깐　　　스수아뚜
(그는 무엇인가를 비밀로 하고 있는 것처럼 보인다)

37. ~lah; ~합시다

- Marilah menari bersama kami.
  마리라ㅎ 므나리 브ㄹ사마 까미
  (우리와 함께 춤춥시다)

- Ayolah jangan begitu.
  아욜라ㅎ 장안 브기뚜
  (그렇게 하지 마십시오)

- Ikutlah bersama kami pergi ke Jogjakarta.
  이꿋라ㅎ 브ㄹ사마 까미 끄 족자까ㄹ따
  (우리를 따라서 함께 족자카르타로 갑시다)

38. ~kah? 의문사를 만듦

- Baguskah film itu?
  바구ㅅ까ㅎ 필름 이뚜
  (그 영화는 좋습니까?)

- Bisakah harganya dikurangi?
  비사까ㅎ 하ㄹ가냐 디꾸랑이
  (가격을 깎아줄 수 있습니까?)

- Bolehkah saya membawa pepaya di bagasi pesawat?
  볼레ㅎ까ㅎ 사야 믐바와 쁘빠야 디 바가시 쁘사왓
  (제가 비행기 수화물에 파파야를 가져가도 됩니까?)

문법 Tata Bahasa

39. 형용사 문법 (a): sama, se- (-같은)라는 의미를 나타낸다

a. Sama 사마 (~ 같은; 비슷하다)

▸ Lombok sama indahnya dengan Bali.
   롬복   사마   인다ㅎ냐   등안   발리
   (롬복은 발리와 같이 아름답다)

▸ Kecantikan Wulan sama dengan kecantikan seorang bidarari.
   끄짠띠깐   울랑   사마   등안   끄짠띠깐   스오랑   비다다리
   (울란의 미모는 선녀의 미모와 같이 아름답다)

b. Se- 스 (~ 같은; 비슷하다)

▸ Universitas Indonesia sebagus Universitas Harvard.
   우니베ㄹ시따ㅅ 인도네시아   스바구ㅅ   우니베ㄹ시따ㅅ   하ㄹ바ㄹ드
   (인도네시아 대학교는 하버드대학교와 같이 좋은 대학교 입니다)

▸ Masa ini separah masa penjajahan Belanda.
   마사 이니 스빠라ㅎ 마사   쁜자자한   블란다
   (이 시대는 네덜란드 식민지배시기와 같이 힘들다)

40. 형용사 문법 (b): lebih/lebih .. daripada, paling/ter- 부사의 (-더, -보다 -더, 제일)라는 의미를 나타낸다

a. lebih/lebih ··· daripada 르비ㅎ/르비ㅎ ······ 다리빠다 (더/~보다)

▸ Laura bekerja lebih rajin daripada Olia.
   라우라 브끄ㄹ자 르비ㅎ 라진   다리빠다   올리아
   (라우라는 올리아보다 더 열심히 일한다)

제2부 문법 69

▸ Lebih baik tinggal di kota A daripada di kota B.
르비ㅎ 바익 띵갈 디 꼬따 아 다리빠다 디 꼬따 베
(A 도시는 B 도시보다 살기에 더 좋다)

b. paling /ter- 빨링/뜨

▸ Itu keputusan yang terbaik.
이뚜 끄뿌뚜산 양 뜨르바익
(그것은 가장 좋은 선택이다)

▸ 'Kentang goreng kimchi' adalah menu kami yang paling baru.
끈땅 고렝 김치' 아달라ㅎ 므누 까미 양 빨링 바루
('김치볶음감자'는 우리의 가장 최근 메뉴이다)

41. Meminta izin: bolehkah, bisakah ((호락을 물어보기 – 해도 될까요)라는 의미를 나타낸다)

a. Bolehkah 볼레ㅎ깐 (~해도 됩니까?)

▸ Bolehkah saya ke belakang, Bu?
볼레ㅎ깧 사야 끄 블라깡 부
(선생님, 제가 화장실에 가도 될까요?)

▸ Bolehkah kami pergi sekarang, Bu?
볼레ㅎ까ㅎ 까미 쁘르기 스까랑 부
(선생님, 우리가 지금 가도 될까요?)

b. Bisakah 비사까ㅎ (~ 할 수 있습니까?)

▸ Bisakah saya meminjam kamera anda, Bu?
비사까ㅎ 사야 므민잠 까메라 안다 부
(선생님, 제가 선생님 카메라를 빌릴 수 있을까요?)

문법 Tata Bahasa

▸ Bisakah anda menjelaskan alasannya?
비사까ㅎ 안다 믄즐라ㅅ깐   알라산냐
(당신은 그 이유를 설명해 줄 수 있습니까?)

42. Ber-

- 소유하다 또는 사용하다
- 군집 또는 다수
- 생산하다 또는 내보내다
- 실시하다 또는 자기 자신에게 하는 행위

Berkacamata (Kacamata) 브ㄹ까짜마따 (까짜마따) 안경 쓰다	Keluarga Bapak Junaedi semua berkacamata. 끌루아ㄹ가 바빡 주내디 스무아 브ㄹ까짜마따 주내디씨의 가족은 모두 안경을 쓴다.
Berdua (Dua) 브ㄹ두아 (두아) 둘이 함께	Ayo kita pergi ke pulau Bali berdua. 아요 끼따 쁘ㄹ기 끄 뿔라우 발리 브ㄹ두아 자, 우리 둘이 함께 발리섬으로 가자.
Bekerja (Kerja) 브끄ㄹ자 (끄ㄹ자) 일하다	Orang Korea selalu bekerja keras. 오랑 꼬레아 슬랄루 브끄ㄹ자 끄라ㄹ 한국사람들은 항상 열심히 일한다.
Belajar (Ajar) 블라자ㄹ (아자ㄹ) 공부하다	Dia memang suka belajar hal-hal baru. 디아 므망 수까 블라자ㄹ 하ㄹ-하ㄹ 바루 그는 당연히 새로운 것들을 공부하는 것을 좋아한다.

43. –an

- 동작의 목적 또한 ~해진 것
- 동작의 결과
- 어근이 지시하는 성격
- –을 닮은
- 도구 또한 동작을 하는 장소
- 넓은 또한 큰

Bawahan (Bawah) 바와한 (바와ㅎ) 부하	Jangan terlalu ramah terhadap bawahan. 장안 뜨ㄹ라루 라마ㅎ 뜨ㄹ하닾 바와한 부하직원에게 너무 친절하게 하지 말아라.
Mingguan (Minggu) 밍구안(밍구) 주간	Ini majalah mingguan. Setiap hari Selasa selalu 이니 마잘라ㅎ 밍구안. 스띠앞 하리 슬라사 슬랄루 terbit. 뜨ㄹ빗 이 것은 주간잡지이다. 매 화요일 항상 발간된다.
Pinjaman (Pinjam) 삔자만 (삔잠) 대출/차용금	Boleh kiranya saya meminta pinjaman darimu 볼레ㅎ 끼라냐 사야 므민따 삔자만 다리무 untuk merenovasi kaféku? 운뚝 므레노바시 까페꾸? 제 카페의 리모델링을 위하여 당신에게 대출금을 요청해도 될까요?
Kotoran (Kotor) 꼬또란 (꼬또ㄹ) 배설물	Di Korea jika anjing buang air besar di jalan, 디 꼬레아 지까 안징 부앙 아이ㄹ 브사ㄹ 디 잘란, pemilik harus mengambil kotoran tersebut dan 쁘밀릭 하루ㅅ 믕암빌 꼬또란 뜨ㄹ스붓 단 membuang di tempat sampah terdekat. 믐부앙 띠 뜸빳 삼빠ㅎ 뜨ㄹ드깟. 한국에서는 개가 길에 대변을 보았을 경우, 주인은 이러한 배설물을 주워서 가까운 쓰레기통에 버려야 한다.

문법 Tata Bahasa

※ 어근을 반복하고 접미사 -an 붙인다: sakit-sakitan, habis-habisan, mati-matian.

▸ Bapak Toni sakit-sakitan sejak kembali ke Indonesia.
바빡   또니 사낏 사낏딴   스작 끔발리 끄 인도네시아
토니씨가 인도네시아에 다시 돌아오다가 좀 아파왔어요)

▸ Para karyawan bekerja mati-matian untuk menyelesaikan
빠라 까르야완   브끄르자 마띠 마띠안   운뚝   은엘레사이깐

tugas itu.
뚜가ㅅ 이뚜
(직원들이 그 임무를 완수하고자 죽도록 일하고 있다)

▸ Setiap hari ia dicaci maki habis-habisan oleh atasannya.
스띠앞 하리 이아 디짜찌 마끼 하비ㅅ 하비산   올레ㅎ 아따산냐
(그 분이 매일 그의 상사로부터 심하게 욕을 먹었다)

44. Me-

- ~을 사용하다 또는 만들다
- ~먹도 또는 ~마시다
- ~을 놓다 또는 ~을 주다
- ~이 되다 또는 을 기념하다

Menonton (Tonton) 므논똔 (똔똔) 시청하다	Setiap hari Minggu malam kami biasanya 스띠앞 하리 밍구 말람 까미 비아사냐 menonton film dirumah. 므논똔 필름 디루마ㅎ 매 일요일 저녁에 우리는 보통 집에서 영화를 시청한다.

Mengecat (Cat) 믕으짯 (짯) 칠하다	Saya mengecat dinding seharian. 사야 믕으짯 딘딩 스하리안 저는 하루 종일 벽을 칠했다.
Membaca (Baca) 음바짜 (바짜) 읽다	Setiap pagi jam 5 saya selalu membaca Alkitab 스띠앞 빠기 잠 리마(5) 사야 슬랄루 음바짜 안끼땁 selama 2 menit. 슬라마 두아(2) 므닛 매일 아침 5시에 저는 항상 2분 동안 성경책을 읽는다.
Mengirim (Kirim) 음이림 (끼림) 보내다	Saya akan mengirim paket itu ke anda 사야 아깐 믕이림 빠껫 이뚜 끄 안다 secepatnya. 스쯔빳냐 저는 가능한 한 빨리 당신에게 그 소포를 보낼 것이다.

45. Me-kan

- ~만들다
- 시키다 또는 ~로 되게하다
- ~로 여기다
- ~이 되게하다 또는 ~의 원인이 되다
- ~으로 사용하다 또는 생산하다
- 가져가다 또는 ~에 집어 넣다
- ~을 에게 주다 또한 ~을 위해 해주다
- ~에 대하여

Mewakilkan (Wakil) 므와낄깐 (와낄) 대리하여/대신하여	Saya datang ke sekolah Trimurti mewakilkan 사야 다땅 끄 스꼴라ㅎ 뜨리무ㄹ띠 므와낄깐 tante saya. 딴떼 사야 저는 나의 이모를 대신하여 뜨리무르띠 학교에 왔다.

문법 Tata Bahasa

Memendekkan (Pendek) 므멘덱깐 (뻰덱) 짧게 하다	Siang ini saya akan ke salon kecantikan untuk memendekkan rambut. 시앙 이니 사야 아깐 끄 살론 끄짠띡깐 운뚝 므멘덱깐 람붓 오늘 낮에 저는 머리카락을 짧게 하기 위하여 미용실에 갈 것이다.	
Memberikan (Beri) 음부리깐 (브리) 주다	Saya selalu memberikan yang terbaik untuk anak-anak saya. 사야 슬랄루 음브리깐 양 뜨르바익 운뚝 아낙-아낙 사야 저는 항상 저의 아이들에게 가장 좋은 것을 준다.	
Melarikan (Lari) 믈라리깐 (라리) 뛰다/도망치다	Waktu umur 18 tahun saya melarikan diri dari rumah. 왁뚜 우무르 들라빤 블라스(18) 따훈 사야 믈라리깐 디리 다리 루마ㅎ 저는 18살 때 집에서 스스로 도망쳤다.	

46. Me-i

- 주다 또한 만들다
- ~되다 또한 ~로 행동하다
- 제기하다 또한 떼어하다
- ~되게 만들다
- 장소 또는 방향
- 여러 번 또는 다수에 의환 행동

Mendekati (Dekat) 믄드까띠 (드갓) 접근하다/ 가까이 가다	Saya akan coba mendekati Bapak Kepala 사야 아깐 쪼바 믄드까띠 바빡 끄빨라 sekolah supaya anak saya bisa mendapat 스꼴라ㅎ 수빠야 아낙 사야 비사 믄다빳 beasiswa. 베아시ㅅ와 저는 제 아이가 장학금을 받을 수 있게 하기 위하여 학교 교장 선생님에게 가까이 다가가 볼 것이다.
Menghormati (Hormat) 믕호ㄹ마띠 (호ㄹ맛) 존경하다/존중하다	Meskipun kedudukan anda tinggi, anda harus 므ㅅ끼뿐 끄두두깐 안다 띵기, 안다 하루ㅅ tetap menghormati bawahan anda. 뜨땁 믕호ㄹ마띠 바와한 안다 당신의 지위가 높을지라도, 당신은 당신의 부하직원을 계속 존중해야만 한다.
Memukuli (Pukul) 므무꿀리 (뿌꿀) 때리다/처벌하다	Masyarakat memukuli pencopet. 마샤라깟 므무꿀리 쁜쪼뻿 사회는 소매치기를 처벌한다.
Menjalani (Jalan) 믄잘라니 (잘란) 지속하다	Saya selalu mencoba menjalani hidup dengan 사야 슬랄루 믄쪼바 믄잘라니 히둡 등안 percaya diri. 쁘ㄹ짜야 디리 저는 항상 제 자신을 믿으며 삶을 사는 것을 시도해왔다.

문법 Tata Bahasa

47. Di-kan

수동 동사

Dibelikan (Beli) 디블리깐 (블리) 구입되다	Kasur ini dibelikan oleh pacar saya. 까수ㄹ 이니 디브리깐 올레ㅎ 빠짜ㄹ 사야 이 요는 내 애인에 의해서 구입된 것이다.
Dikirimkan (Kirim) 디끼림깐 (끼림) 보내지다	File itu dikirimkan PT. EXPO EXPO pagi ini. 파일 이뚜 디끼림깐 뻬떼 엑ㅅ뽀 엑ㅅ뽀 빠기 이니 그 파일은 오늘 아침에 엑스포 엑스포 회사에 의해 보내졌다.
Dihiraukan (Hirau) 디히라우깐 (히라우) 주의되다	Persoalan itu dihiraukan oleh murid-murid. 쁘ㄹ소알란 이뚜 이히라우깐 올레ㅎ 무릿 무릿 그 문제는 학생들에 의해 주의된다.
Dimandikan (Mandi) 디만디깐 (만디) 씻겨진다	Bayi saya setiap hari dimandikan oleh pengasuh. 바이 사야 스띠압 하리 디만디깐 올레ㅎ 쁭아숳 저의 아기는 매일 보모에 의해서 씻겨진다.

48. Se-

- 하나; 전체 또한 모든
- 같은; ~와 같은 또한 ~을 닮은
- 동시; ~하자마자
- ~만큼 또한 ~하는 한
- 가장

Sekampung (Kampung) 스깜뽕 (깜뽕) 한 고향	Vonny adalah teman sekampung saya. 보니 아달라ㅎ 뜨만 스깜뽕 사야 보니는 저의 한 고향 친구이다.
Sepandai (Pandai) 스빤다이 (빤다이) 똑같이 똑똑한	Dia sepandai Albert Einstein. 디아 스빤다이 알베ㄹ트 아인스따인 그는 알버트 아인슈타인과 같이 똑똑하다.
Setiba (Tiba) 스띠바 (띠바) 도착하자마자	Setiba di kota Jakarta, ia disambut oleh banyak 스띠바 디 꼬따 자까ㄹ따, 이아 디삼붓 올레ㅎ 반약 teman-teman. 뜨만-뜨만 자카르타 시에 도착하자마자, 그는 많은 친구들에 의해 환영되었다.
Setahu (Tahu) 스따후 (따후) 아는 한	Setahu saya makanan itu haram bagi kaum 스따후 사야 마까난 이뚜 하람 바기 까움 Muslim. 무ㅅ림 제가 아는 한, 그 음식은 무슬림 공동체에게는 금지된 음식이다.

49. Ter-

- 고의가 아닌 또한 돌발적인
- 실행 가능성 또한 계속적인 동작

Terbangun (Bangun) 뜨ㄹ방운 (방운) 깨다	Saya terbangun karena suara alarm 사야 뜨ㄹ방운 까르나 수아라 알라르ㅁ 저는 알람 소리 때문에 깼다.

문법 Tata Bahasa

Tertulis (Tulis) 뜨ㄹ뚤리ㅅ (뚤리ㅅ) 쓰여진/적힌	Hal itu tertulis di surat perjanjian 할 이뚜 뜨ㄹ뚤리ㅅ 디 수랏 쁘ㄹ잔지안 그 사항은 계약서에 적혔다.
Terbiasa (Biasa) 뜨ㄹ비아사 (비아사) 익숙해지다/적응하다	Apakah anda sudah terbiasa dengan kehidupan di Seoul? 아빠까ㅎ 안다 수다ㅎ 뜨ㄹ비아사 등안 끄히두판 디 서울? 당신은 이미 서울 생활에 적응했습니까?
Terapung (Apung) 뜨ㄹ아뿡 (아뿡) 떠 있는	Kapal itu terapung di sebelah timur berhari-hari. 까빠ㄹ 이뚜 뜨ㄹ아뿡 디 스벨라ㅎ 띠무ㄹ 브ㄹ하리-하리. 그 배는 날마다 동쪽에 떠 있다.

50. Pe-

- 어근의 의미가 갖는 특성을 갖는 사람
- 동작을 행하는 사람 또한 동작을 행하는 도구
- 에서 일하는 사람
- ~하기를 좋아하는 사람

Pembeli (Beli) 쁨블리 (블리) 구매자	Harga kamus elektronik turun drastis karena adanya internet akses lewat HP 하ㄹ가 까무ㅅ 엘렉뜨로닉 뚜룬 드라ㅅ띠ㅅ 까르나 아다냐 인뜨ㄹ넷 악세ㅅ 레왓 하쁘 전자사전가격은 휴대폰을 사용한 인터넷 접근이 있기 때문에 급격하게 떨어지고 있다.

Penjual (Jual) 쁜주알 (주알) 판매자	Banyak penjual menjadi rugi karena adanya 반약 쁘ㄴ주아ㄹ 믄자디 루기 까르나 아다냐 peraturan baru melarang pemandu wisata 쁘ㄹ아뚜란 바루 믈라랑 쁘만두 외사따 untuk membawa para wisatawan ke toko-toko 운뚝 믐바와 빠라 외사따완 끄 또꼬-또꼬 oleh-oleh. 올레ㅎ 올레ㅎ 기념품 상점들로 관광객들을 데리고 가는 여행가이드를 금지/처벌하는 새로운 법령이 생겼기 때문에 많은 판매자 들이 손해를 보게 되었다.
Penulis (Tulis) 쁘누리ㅅ (뚤리ㅅ) 작가	Penulis kurang dihargai di negara ini. 쁘눌리ㅅ 꾸랑 디하ㄹ가이 디 느가라 이니 작가는 이 국가에서 대우를 덜 받는다.
Pembantu (Bantu) 쁨반뚜 (반뚜) 도우미/보조	Karena saya bertambah sibuk, saya 까르나 사야 브ㄹ땀바ㅎ 시북, 사야 memerlukan pembantu. 므므ㄹ루깐 쁨반뚜 나는 더 바빠졌기 때문에, 나는 보조를 필요로 한다.

51. Pe-an / per-an

∷ Pe-an
- 동작의 과정 또한 결과
- 장소

∷ Per-an
- 동작의 사건; 장쇠 도구 또한 결과
- 사업

문법 Tata Bahasa

Pertandingan (tanding) 쁘ㄹ딴딩안 (딴딩) 경기	Ayah suka menonton pertandingan sepakbola. 아야ㅎ 수까 므논똔 쁘ㄹ딴딩안 세빡볼라 아버지는 축구경기를 보는 것을 좋아한다.
Perandingan (banding) 쁘ㄹ반딩안 (반딩) 비교	Perbandingan antara Laura dan Olia sangatlah jauh. 쁘ㄹ반딩안 안따라 라우라 단 올리아 상앗라ㅎ 자우ㅎ 라우라와 올리아 간의 비교는 매우 크다.
Perubahan (ubah) 쁘루바한 (우바ㅎ) 변화	Perubahan kota Surabaya sangat pesat. 쁘루바한 꼬따 수라바야 상앗 쁘삿 수라바야 도시의 변화는 매우 빠르다.
Perasaan (rasa) 쁘라사안 (라사) 느낌/감정	Perasaannya halus. 쁘라사안냐 할루ㅅ 그 느낌은 부드럽다.

52. Ke-an

- 동작의 행해지는 시실
- 추상명사
- 너무-한
- 와 같은
- 장소
- 수동의 의미

Kebaikan (baik) 끄바익깐 (바익) 선행/호의	Terimakasih atas kebaikan anda. 뜨리마까시ㅎ 아따ㅅ 끄바익깐 안다 당신의 선행에 대해서 감사드립니다.

Kejahatan (jahat) 끄자하딴 (자핫) 죄/나쁨	Kejahatannya tak terlupakan. 끄자하딴냐　딱　뜨ㄹ루빠깐 그의 죄는 잊혀지지 않는다.
Kebodohan (bodoh) 끄보도한 (보도ㅎ) 어리석음/멍청함	Kebodohannya membuat ia dipecat. 끄보도ㅎ한냐　믐부앗　이아 디쁘짯 그의 어리석음은 그를 해고되게 만들었다.
Kebijakan (bijak) 끄비작깐 (비작) 지혜/현명함	Ia disukai banyak orang karena kebijakannya. 이아 디수까이 반약　오랑　까르나　끄비작깐냐 그는 그의 현명함 때문에 많은 사람들에게 사랑을 받는다.

※ Ke-an 다른 이미가 있습니다. 좀, 약간의 의미를 나타내는 단어들로 'kekanak-kanakan, kebiru-biruan' 등이 있다.

▸ **Kelakuan para mahasiswa itu masih kekanak-kanakan.**
　끌라꾸안　빠라　마하싯와　이뚜 마시ㅎ　끄까낙-까낙깐
　(저 대학생들의 행동은 아직도 어린애 같다)

▸ **Karena terjatuh, tangan anak itu menjadi kebiru-biruan.**
　끌라꾸안　뜨ㄹ자뚜ㅎ,　땅안　아낙　이뚜 마시ㅎ　끄까낙-까낙깐
　(넘어서, 그 아이의 손은 푸르스러졌다)

53. Kata-kata kasar Indonesia (거칠한 단어)

a. **Bodoh** 보도 (바보)
b. **Anjing elo** 안징 엘로 (네 강아지)
c. **Mata elo dimana** 마따 엘로 디마나 (네 눈이 어디 있냐)

문법 Tata Bahasa

54. Kata-kata gaul (Jakarta) (자카르타에 속어 단어)

a. Galau 갈라우 (억울하다)

Dipakai untuk mengekspresikan dilemma, kebingungan, kekuatiran
어떻게 해야 할지 모를 때거나 불안함을 표현하는 말.

b. Keleus 클르으스 (아마, 혹시나)

Ekspresi ini sama dengan 'mungkin', 'bisa saja'. Dipakai untuk mengekspresikan kemungkinan-kemungkinan yang dapat terjadi.
이 표현은 '뭉킨' 과 '비사 사자' 라는 말과 비슷하다. 될 가능성을 표현하는 말.

c. Tepok Jidat 트폭 지닷 (기가 막히다, 어이 없다)

Ekspresi ini dipakai untuk menyatakan hal-hal yang tidak masuk akal, atau diluar perkiraan, juga untuk menyatakan hal-hal yang bodoh. Jadi misalnya ada seorang supervisor yang memarah-marahi bawahan karena tidak menyimpan kacamata si supervisor dengan baik, padahal kacamata supervisor ini ada di sakunya. Nah ini baru 'tepok jidat'
이 표현은 기가 막히거나 어이 없는 말을 표현하는 말이다. 또한 소홀한 것을 표현하는 말. 이를테면 한 supervisor은 직원이 안경을 잘 지켜주지 않아서 직원에게 화를 냈다. 그런데 안경이 자기 주머니에 있다. 그 땐 이런 표현을 쓴다.

d. Woles 월레스(천천히, slow)

Woles ini dipakai untuk menyatakan keadaan yang santai atau lambat, karena woles jika dibalik selow (slow)
이는 급하지 않은 것이거나 느린 것을 표현하는 말. 월레스는 뒤로 쓸 때 슬로(slow)라고 쓴다.

e. Kepo 케포(스토케(stalker))

Ekspresi ini artinya 'ingin tahu'. Dipakai untuk menyatakan keingin tahuan.
이는 호기심이 많은 것을 표현하는 말.

f. PHP 페하페

Ini merupakan singkatan dari 'Pemberi Harapan Palsu'. Jadi dipakai untuk menyatakan seorang pembohong atau seorang yang tidak menepati janji.
이는 헛희망을 주는 것을 표현하는 말. 사람이 거짓말을 하거나 약속을 안 지키는 사람에게 표현하는 말.

g. Gilingan 길링안(미친 사람/미친다)

Ekspresi ini artinya 'gila'.
이는 '미친다' 라는 말을 의미한다.

h. Bingin 빙인(너무)

Expresi ini artinya 'sekali'. Diambil dari kata informal 'banget'
이는 '너무' 라는 말을 뜻한다. 인도네시아 유행어의 '방읏' (너무)이라는 말에서 일으키는 말.

문법 Tata Bahasa

55. Menjelaskan sesuatu yang ilmiah (sangat formal): Berdasarkan, menurut (과학적으로 사용하는 단어)

a. Berdasarkan 브ㄹ다사ㄹ깐

▸ Berdasarkan hasil statistik, pada musim liburan banyak orang
  브ㄹ다사ㄹ깐   하실   스따띠스띡,   빠다   무심   리부란   바냑   오랑
yang tinggal di Jawa pergi ke Bali.
양   띵갈   디 자와   쁘ㄹ기 끄 발리
(통계결과에 근거하면, 휴가기간에 자바에 거주하는 많은 사람들이 발리로 간다)

b. Menurut 므누룻

▸ Menurut Gubernur Jawa Timur, hasil panen musim hujan ini
  므누룻   루버ㄹ누ㄹ   자와   띠무ㄹ,   하실   빠넨   무심   후잔   이니
akan lebih baik jika sebagian diekspor ke negara-negara Eropa.
아깐   르비   바익   지까   스바기안   디엑스뽀ㄹ   끄   느가라-느가라   에로빠
(동부자바 주지사에 의하면, 이번 우기 수확량은 유럽 국가들로 일부 수출된다면 더 좋을 것이다)

▸ Menurut berita, U.S dolar naik lagi.
  므누룻   브리따,   유에스 돌라   나익   라기
(뉴스에 의하면, 미국 달러 다시 올라갔다)

56. Ucapan-ucapan dibalik arti sesungguhnya (속에 있는 뜻이)

a. Nanti 난띠(나중에)

A: Bagaimana Pak proposalnya?
바가이마나   빡   브로뽀살냐?
(선생님, 제안은 어떻게 되었습니까?)

B: Nanti ya saya kabari lagi.
난띠   야   사야   까바리   라기
(나중에 내가 다시 알려드리겠습니다)

b. Saya pikir-pikir dulu ya. 사야 삐끼ㄹ-삐까ㅎ 둘루 야 (저는 먼저 생각해 보겠습니다)

A: Bagaimana Bu baju ini? Harganya tidak mahal, kualitasnya
바가이마나   부   바주   이니?   하ㄹ가냐   띠닥   마하ㄹ,   꾸알리따ㅅ냐
bagus dan cantik.
바구ㅅ   단   짠띡
(아주머니, 이 옷은 어떻습니까? 가격이 비싸지 않고, 품질이 좋고 예뻐요.)

B: Saya pikir-pikir dulu ya. Nanti saya kembali lagi.
사야   삐끼ㄹ-삐끼ㄹ   둘루   야.   난띠   사야   끔발리   라기
(저는 먼저 생각해 보겠습니다. 나중에 다시 올께요)

57. Ucapan-ucapan salam yang sering digunakan (생활에 사용되어 인사)

a. Mau kemana?
마우   끄마나?
(어디 가십니까?)

문법 Tata Bahasa

b. Panas ya?
빠나ㅅ 야?
(덥지요?)

c. Sudah solat?
수다ㅎ 솔랏?
(솔랏 끝냈습니까?) / (기도했어요?)

d. Sudah ke gereja?
수다ㅎ 끄 그레자
(교회 다녀왔습니까?)

58. Beberapa peribahasa (속담)

a. Ada gula ada semut.
아다 굴라 아다 스뭇
(꽃이 있으면 벌과 나비가 날아오기 마련이다)

b. Ada udang di balik batu.
아다 우당 디 발릭 바뚜
(어떤 행위의 뒤에는 숨은 동기가 있기 마련이다)

c. Besar pasak daripada tiang.
브사ㄹ 빠삭 다리빠다 띠앙
(수익보다 비용이 더 많다)

d. Dimana ada kemauan, disitu ada jalan.
디마나 아다 끄마우안, 디시뚜 아다 잘란
(뜻이 있는 곳에 길이 있다)

e. Habis manis sepah dibuang.
하비ㅅ 마니ㅅ 스빠ㅎ 디부앙
(아쉬울때만 찾는다)

f. Keluar mulut harimau, masuk mulut buaya.
끌루아ㄹ 물룻 하리마우, 마숙 물룻 부아야
(설상가상)

g. Rumput tetangga selalu lebih hijau.
룸뿟 뜨땅가 슬랄루 릅비ㅎ 히자우
(사돈이 논을 사도 배가 아프다)

h. Nasi telah menjadi bubur.
나시 뜰라ㅎ 믄자디 부부ㄹ
(이미 엎질려진 물이다)

j. Seperti katak dalam tempurung.
스쁘ㄹ띠 까딱 달람 뜸뿌룽
(우물 안 개구리)

k. Setajam-tajamnya pisau, masih lebih tajam lidah.
스따잠-따잠냐 삐사우, 마시ㅎ 르비ㅎ 따잠 리다ㅎ
(칼보다 무서운 혀)

l. Sepandai-pandainya tupai meloncat akhirnya jatuh juga.
스빤다이-빤다이냐 뚜빠이 믈론짯 아키ㄹ냐 자뚜ㅎ 주가
(원숭이도 나무에 떨어질 날 있다)

m. Sambil menyelam minum air.
삼빌 믄옐람 미눔 아이ㄹ
(일석이조, 가재잡고 도랑치고)

n. Biar lambat asal selamat.
비아ㄹ 람밧 아살 슬라맛
(돌다리도 두들겨보고 건너라)

o. Layang-layang putus talinya.
라양-라양 뿌뚜ㅅ 딸리냐
(모든 것을 운명에 맡기다)

문법 Tata Bahasa

p. Sedikit-dikit lama-lama menjadi bukit.
스디낏-디낏　　라마라마　　믄자디　　부낏
(조금씩 모여 언덕이 된다)

q. Malu bertanya sesat di jalan.
말루　브ㄹ따냐　　스삿　디　잘란
(모르는 것은 어린아이에게라도 물어라)

r. Pucuk dicinta ulam tiba.
뿌쭉　　디찐따　　울람　　띠바
(생각지도 낳았던 이득을 얻음)

s. Tidak ada gading yang tidak ada retak.
띠닥　아다　가딩　　양　　띠닥　아다　레딱
(털어 먼지 안나는 사람없다)

t. Cepat kaki ringan tangan.
쯔빳　　까끼　　링안　　　땅안
(약삭 빠른 사람)

59. Singkatan (약어)

Korsel 꼬ㄹ셀	Korea Selatan	남한
Korut 꼬룻	Korea Utara	북한
Kpd 끄빠다	Kepada	-에게
Jamsostek 잠소ㅅ떽	Jaminan Sosial Tenaga Kerja	노동자사회보장
Jatim 자띰	Jawa Timur	동부 자와

Jateng 자뗑	Jawa Tengah	중부 자와
Jabar 자빠ㄹ	Jawa Barat	서부 자와
JHT 즈하떼	Jaminan Hari Tua	노후보증
Curhat 쭈ㄹ핫	Curahan Hati	마음이 기운
DKI(Jakarta) 데까이 (자카르타)	Daerah Khusus Ibu Kota	시보건국
Dll 데 엘 엘	Dan lain-lain	기타 등등
Mn 마나	Mana	어느
Yg 양	Yang	어느
HUT 훗	Hari ulang tahun	생일
Kec 꼬짜마딴	Kecamatan	읍, 면
Kel 끌루라한	Kelurahan	동, 리
Kedubes 끄두베ㅅ	Kedutaan Besar	대사관
Letjen 렛젠	Letnan Jenderal	중장
LN 엘엔	Luar Negri	외국
LPU 엘뻬우	Lembaga Pemilihan Umum	일반선거기구
Narkoba 나ㄹ꼬바	Narkotika dan Obat Terlarang	마약류

문법 Tata Bahasa

Napi 나삐	Nara pidana	죄수
NPWP 엔뻬워뻬	Nomer Pokok Wajib Pajak	납세의무번호
NIIP 엔이이뻬	Nomer Induk Pegawai	공무원일련번호
Org 오랑	Orang	사람
Orkes 올라ㅎ라가 단쓰 세하딴	Olahraga dan Kesehatan	건강과 운동
Ortu 오르뚜	OrangTua	부모님 (노인)
OSIS 오시ㅅ	Organisasi Siswa Intra Sekolah	교내학생기구
PKL 뻬까엘	Pedagang Kaki Lima	중소기업인
KB 까베	Keluarga Berencana	가족계획
PLN 뻬엘엔	Perusahaan Listrik Negara	국가전력회사
PMI 뻬엠이	Palang Merah Indonesia	인도네시아 적십자
PR 뻬에르	Pekerjaan Rumah	숙제
PRT 뻬에르떼	Pembantu Rumah Tangga	가정부
Puskesmas 뿌ㅅ꼬ㅅ마ㅅ	Pusat Kesehatan Masyarakat	주민건강센터
Rukan 루깐	Rumah Kantor	사무소 – 집
Ruko 루꼬	Rumah Toko	상점 – 집

RSU 에르에스우	Rumah Sakit Umum	시민병원
RT 에르떼	Rumah Tangga	이웃 (주민)
RW 에르웨	Rumah Warga	이웃, 지역 (호)
Satpam 삿빰	Satuan Pengaman	경비조직
SD 에스데	Sekolah Dasar	초등학교
SMP 에스엠뻬	Sekolah Menengah Pertama	중학교
SMA 에스엠아	Sekolah Menengah Atas	고등학교
SIM 심	Surat Izin Mengemudi	운전면허증
SPBU 에스뻬뻬우	Stasiun Pengisian Bahan Bakar Untuk Umum	일반연류보충소
SPG 에스뻬게	Sales Promotion Girl	판매장소에 여자 직원
STNK 에스떼엔까	Surat Tanda Nomer Kendaraan	자동차번호등록증
Tabanas 따바나스	Tabungan Nasional	국민개발저축
Tgl 땅갈	Tanggal	날짜
Thn 따훈	Tahun	년
THR 떼하에르	Tunjangan Hari Raya	르바란 축제상여금
TKI 떼까이	Tenaga Kerja Indonesia	인도네시아 노동자

문법 Tata Bahasa

TKR 떼까에르	Tentara Keamanan Rakyat	국여금민방위군
TKW 떼까웨	Tenaga Kerja Wanita	여성노동자
TNI 떼엔이	Tentara Nasional Indonesia	인도네시아 군인
UD 우데	Usaha Dagang	상업
UGM 우게엠	Universitas Gajah Mada	가자마다대학
UI 우이	Universitas Indonesia	인도네시아국립대학
UMP 우엠뻬	Upah Minimum Pekerja	주 기본 임금
UMR 우엠에르	Upah Minimum Regional	표준기본임금
UU 우우	Undang-Undang	헌법
Valas 빨라ㅅ	Valutas Asing	환율
WC 웨쩨	Toilet	화장실
WTS 웨떼에ㅅ	Wanita Tuna Susila	호스테스
Wapres 와쁘레ㅅ	Wakil Presiden	부통령
Warkop 와르떼	Warung Kopi	커피점
Warnet 와르넷	Warung Internet	인터넷방
Wartel 와르뗄	Warung Telepon	전화국

WIB 웨이베	Waktu Indonesia Barat	인도네시아 표준시
Wisman 위스만	Wisatawan Mancanegara	외국관광객
WNI 웨엔이	Warga Negara Indonesia	인도네시아 국민
WNA 웨엔아	Warga Negara Asing	외국인

제2과 한국어 문장형식(인도네시아인을 위한)

Bentuk Kalimat Bahasa Korea

한국어의 기본 문장 형식에는 크게 5가지의 형식이 있는데, 여기에 수식어가 있으면 일반적으로 대부분의 수식어를 피수식어인 주어와 동사, 보어 및 목적어의 앞에 붙여서 배열한다.

a. Bentuk Pengucapan (연음화)

국 악 이 = 구 가 기

벗어요. [버서요]

(Lepas-melepaskan/ membuka/ menanggalkan pakaian)
르빠ㅅ-   믈르빠ㅅ깐/   음부까/   므낭갈깐   빠까이안

문법 Tata Bahasa

남아요. [나마요] (Tersisa_뜨ㄹ시사)
'맛있다', '멋있다'는 연음화된 [마시따], [머시따] 뿐 아니라 [마디따], [머디따]로도 발음된다. (Enak/Sedap/Lezat_에낙/스닾/르잣)
이 분이 미국사람이에요. [이부니 미국사라미에요]
(Orang itu orang Amerika)
오랑   이뚜 오랑   아메리까

Asimilasi Progresif Huruf Konsonan (자음접변)	Bentuk Huruf Konsonan (격음화)
/ㅂ/ + ㅁ/ㄴ = ㅁ; Contoh: 앞문[암문]	ㅂ + ㅎ = ㅍ; Contoh: 입학[이팍]–(I phak)
/ㄷ/ + ㅁ/ㄴ = ㄴ; Contoh: 낱말[난말]	ㄷ + ㅎ / ㅎ + ㄷ = ㅌ; Contoh: 맏형[마텽]–(ma thyeong)
/ㄱ/ + ㅁ/ㄴ = ㅇ; Contoh: 국물[궁물]	ㅈ + ㅎ / ㅎ + ㅈ = ㅊ; Contoh: 그렇지[그러치]–(geu reo chi)
	ㄱ + ㅎ / ㅎ + ㄱ = ㅋ; Contoh: 빨갛게[빨가케]–(pal la khe)
Bentuk Fortis (경음화)	**Pengucapan (ㄹ발음)**
/ㅂ, ㄷ, ㄱ/ + ㅂ = ㅃ; Contoh: 잡비[잡삐]	ㅁ + ㄹ = ㅁ + ㄴ; Contoh: 심리[심니]–(sim ni)
/ㅂ, ㄷ, ㄱ/ + ㄷ = ㄸ; Contoh: 법대[법때]	ㅇ + ㄹ = ㅇ + ㄴ
/ㅂ, ㄷ, ㄱ/ + ㅈ = ㅉ; Contoh: 답장[답짱]	ㄴ + ㄹ = ㄴ + ㄴ; Contoh: 생산량[생산냥]–(saeng san nyang)
/ㅂ, ㄷ, ㄱ/ + ㅅ = ㅆ; Contoh: 학생[학쌩]	ㄴ + ㄹ / ㄹ + ㄴ = ㄹ + ㄹ; Contoh: 신라[실라]–(sil la)
/ㅂ, ㄷ, ㄱ/ + ㄱ = ㄲ; Contoh: 입국[입꾹]	ㅂ + ㄹ = ㅁ + ㄴ; Contoh: 섭리[섬니]–(seom ni)
	ㄱ + ㄹ = ㅇ + ㄴ

Bentuk Suara yang dihasilkan melalui tenggorokan (구개음화)
ㄷ + 이 = [지]; Contoh: 굳이[구지]–(gu ji)
ㅌ + 이 = [치]; Contoh: 같이[가치]– (ga chi)
(ㄷ + ㅎ) + 이 = [치]; Contoh: 닫히다[다치다]–(da chi da)

b. Bentuk Formal (격식체)–Bentuk Informal (비격식체표)

	Bahasa Indonesia 인도네시아어	Bentuk Formal 격식체	Bentuk Informal 비격식체	Bentuk Lebih Informal 반말
		–ㅂ/습니다.	–아(어/여)요.	–아(어/여)
보다 (bo da)	Lihat 리핫	봅니다 (bom ni da)	봐요 (bwa yo)	봐 (bwa)
살다 (sal da)	Hidup 히둡	삽니다 (sam ni da)	살아요 (sal la yo)	살아 (sal la)
일하다 (il ha da)	Bekerja 브끄르자	일합니다 (il ham ni da)	일해요 (il hae yo)	일해 (il hae)
만들다 (man deul da)	Membuat 음부앗	만듭니다 (man deum ni da)	만들어요 (man deul leo yo)	만들어 (man deul leo)
덥다 (deob da)	Panas 빠나ㅅ	덥습니다 (Deob seum ni da)	더워요 (deo wo yo)	더워 (deo wo)
마시다 (ma si da)	Minum 미눔	마십니다 (ma sim ni da)	마셔요 (ma syeo yo)	마셔 (ma syeo)

문법 Tata Bahasa

	Bahasa Indonesia 인도네시아어	Bentuk Formal 격식체 -ㅂ/습니다.	Bentuk Informal 비격식체 -아(어/여)요.	Bentuk Lebih Informal 반말 -아(어/여)
파랗다 (pha rah da)	Biru 비루	파랗습니다 (Pha rah seum ni da)	파래요 (pha area yo)	파래 (pha rae)
듣다 (deu ta)	Dengar 등아ㄹ	듣습니다 (deud sem ni da)	들어요 (deul leo yo)	들어 (deul leo)
먹다 (meok da)	Makan 마깐	먹습니다 (meok seum ni da)	먹어요 (meo geo yo)	먹어 (meok geo)
좋다 (jo ta)	Bagus 바구ㅅ	좋습니다 (jo seum ni da)	좋아요 (jo a yo)	좋아 (jo a)
아프다 (a pheu da)	Sakit 사낏	아픕니다 (a pheum ni da)	아파요 (a pha yo)	아파 (a pha)
읽다 (ilk da)	Baca 바짜	읽습니다 (ilk seum ni da)	읽어요 (ilk geo yo)	읽어 (ilk geo)
고르다 (go reu da)	Pilih 삘리ㅎ	고릅니다 (go reum ni da)	골라요 (gol la yo)	골라 (gol la)
가다 (gada)	Pergi 쁘ㄹ기	갑니다 (gam ni da)	가요 (gay o)	가 (ga)

c. Huruf Vokal (모음조화)

Vokal Permulaan 선행모음	Vokal Akhiran 후행모음	Singkatan 축약	Bentuk Penggunaan 사용예	Bahasa Indonesia 인도네시아어
아 (a)	-아(요)	아(요) (a yo)	사다 : 사요 (sayo)	Beli 쁠리
오 (o)		와(요) (wayo)	오다 : 와요 (way o)	Datang 다땅
어 (eo)	-어(요)	어(요) (eo yo)	읽다 : 읽어요 (ilk geo yo)	Baca 바짜
우 (u)		워(요) (wo yo)	덥다 : 더워요 (deo wo yo)	Panas 빠나ㅅ
으 (eu)		어(요) (eo yo)	쓰다 : 써요 (sseo yo)	Tulis 뚤리ㅅ
이 (i)		여(요) (yeo yo)	마시다 : 마셔요 (ma syeo yo)	Minum 미눔
하 (ha)	-여(요)	해(요) (hae yo)	노래하다 : 노래해요 (no rae hae yo)	Menyanyi 믄냐니

문법 Tata Bahasa

d. Kata Kerja-Partikel Keterangan Lampau (동사-형용사의 과거 활용표)

	Bahasa Indonesia 인도네시아어	Bentuk Formal 격식체 -ㅂ/습니다.	Bentuk Informal 비격식체 -아(어/여)요.	Bentuk Lebih Informal 반말 -아(어/여)
가다 (gada)	Pergi 쁘르기	갔습니다 (ga seum ni da)	갔어요 (ga seo yo)	갔어 (ga seo)
좋다 (jo da)	Bagus 바구ㅅ	좋았습니다 (jo a seum ni da)	좋았어요 (jo a seo yo)	좋았어 (jo a seo)
일하다 (il ha da)	Kerja 끄르자	일했습니다 (il hae seum ni da)	일했어요 (il hae seo yo)	일했어 (il hae seo)
덥다 (deob da)	Panas 빠나ㅅ	덥습니다 (deob seum ni da)	더웠어요 (deo wo seo yo)	더웠어 (deo weo yo)
듣다 (deud ta)	Dengar 등아ㄹ	들었습니다 (deul leo seum ni da)	들었어요 (deol leo seo yo)	들었어 (deol leo seo)
살다 (sal da)	Hidup 히둡	살았습니다 (sal la seum ni da)	살았어요 (sal la seo yo)	살았어 (sal la seo)
고르다 (go reu da)	Pilih 삘리ㅎ	골랐습니다 (gol la seum ni da)	골랐어요 (gol la seo yo)	골랐어 (gol la seo)
읽다 (ilk da)	Baca 바짜	읽었습니다 (ilk geo seum ni da)	읽었어요 (ilk geo seo yo)	읽었어 (ilk geo seo)

	Bahasa Indonesia 인도네시아어	Bentuk Formal 격식체	Bentuk Informal 비격식체	Bentuk Lebih Informal 반말
		-ㅂ/습니다.	-아(어/여)요.	-아(어/여)
아프다 (a pheu da)	Sakit 사낏	아팠습니다 (a pha seum ni da)	아팠어요 (a pha seo yo)	아팠어 (a pha seo)
파랗다 (pha rah da)	Biru 비루	파랬습니다 (pha rae seum ni da)	파랬어요 (pha rae seo yo)	파랬어 (pha rae seo)
만들다 (man deul da)	Membuat 음부앗	만들었습니다 (man deul leo seum ni da)	만들었어요 (man deul leo seo yo)	만들었어 (man deul leo seo)
보다 (bo da)	Lihat 리핫	보았습니다 (bo a seum ni da)	보았어요 (bo a seo yo)	보았어 (bo a seo)
마시다 (ma si da)	Minum 미눔	마셨습니다 (ma syeo seum ni da)	마셨어요 (Ma syeo seo yo)	마셨어 (ma syeo seo)
먹다 (meok ta)	Makan 마깐	먹었습니다 (meo geo seum ni da)	먹었어요 (meo geo seo yo)	먹었어 (meo geo seo)

문법 Tata Bahasa

e. Bentuk akhiran (종결어미 활용표)

	Bahasa Indonesia 인도네시아	Akhiran pembentuk kalimat positif -ㅂ/습니다.	Akhiran pembentuk kalimat ajakan -(으)십시오.	Akhiran pembentuk kalimat pertanyaan secara informal -(으)ㄹ까요?	Akhiran pembentuk kalimat 'akan' <hal yang akan dilakukan> -(으)ㄹ거예요.
듣다 (deud ta)	Dengar 등아ㄹ	듣습니다 (deud seum ni da)	들으십시오 (deul leu sim si o)	들을까요? (deul leul kka yo?)	들을 거예요 (deul leul geo ye yo)
사다 (sad a)	Beli 블리	삽니다 (sam ni da)	사십시오 (sa sib si o)	살까요? (sal kka yo)	살 거예요 (sal geo ye yo)
입다 (ib ta)	Pakai 빠까이	입습니다 (im seum ni da)	입으십시오 (ib beu sib si o)	입을까요? (ib beul kka yo)	입을 거예요 (Ib beul geo ye yo)
웃다 (ut ta)	Tertawa 뜨ㄹ따와	웃습니다 (u seum ni da)	웃으십시오 (u seu sib si o)	웃을까요? (u seul kka yo?)	웃을 거예요 (u seul geo ye yo)
쓰다 (sseu da)	Tulis 뚤리ㅅ	씁니다 (sseum ni da)	쓰십시오 (sseu sib si o)	쓸까요? (sseul kka yo)	쓸 거예요 (sseul geo ye yo)
청소하다 (cheong so ha da)	Membersi kan 믐브ㄹ시ㅎ깐	청소합니다 (cheong so ham ni da)	청소하십시오 (cheong so ha sib si o)	청소할까요? (cheong so hal kka yo?)	청소할 거예요 (cheong so hal geo ye yo)
열다 (yeol da)	Buka 부까	엽니다 (yeom ni da)	여십시오 (yeo sib si o)	열까요? (yeol kka yo?)	열 거예요 (yeol geo ye yo)

	Bahasa Indonesia 인도네시아	Akhiran pembentuk kalimat positif -ㅂ/습니다.	Akhiran pembentuk kalimat ajakan -(으)십시오.	Akhiran pembentuk kalimat pertanyaan secara informal -(으)ㄹ까요?	Akhiran pembentuk kalimat 'akan' <hal yang akan dilakukan> -(으)ㄹ거예요.
닫다 (dat ta)	Tutup 뚜뚭	닫습니다 (dat seum ni da)	닫으십시오 (da deu sib si o)	닫을까요? (Da deul kka yo?)	닫을 거예요 (da deul geo ye yo)
기다리다 (gi da rid a)	Tunggu 뚱구	기다립니다 (gi da rim ni da)	기다리십시오 (gi da ri sib si o)	기다릴까요? (gi d aril kka yo)	기다릴 거예요 (gi daril geo ye yo)
이야기하다 (i ya gi ha da)	Bercerita 브ㄹ쯔리따	이야기합니다 (I ya gi ham ni da)	이야기하십시오 (I ya gi ha sib si o)	이야기할까요? (I ya gi hal kka yo?)	이야기할 거예요 (I ya gi hal geo ye yo)
춥다 (chub ta)	Dingin 딩인	춥습니다 (chub seum ni da)	X	추울까요? (chu ul kka yo?)	추울 거예요 (chu ul geo ye yo)
예쁘다 (ye pheu da)	Cantik 짠떡	예쁩니다 (ye peum ni da)	X	예쁠까요? (ye peul kka yo?)	예쁠 거예요 (ye peul geo ye yo)
비싸다 (bi ssa da)	Mahal 마할	비쌉니다 (bi ssam ni da)	X	비쌀까요? (bi ssal ka yo?)	비쌀 거예요 (bi ssal geo ye yo)
많다 (man ta)	Banyak 반약	많습니다 (man seum ni da)	X	많을까요? (man neul ka yo)	많을 거예요 (man neul geo ye yo)

문법 Tata Bahasa

f. Bentuk kata sambung (연결어미 활용표)

	Bahasa Indonesia 인도네시아	Bentuk Kata Penghubung 'Dan' atau 'lalu' -고	Bentuk Kata Penghubung 'lalu' -아/어/여서	Bentuk Kata Penghubung 'karena itu' atau 'oleh sebab itu' -(으)니까	Bentuk Kata Penghubung 'meskipun begitu' -아/어/여도	Bentuk Kata Penghubung 'sambil' -(으)면서	Bentuk Kata Penghubung 'tapi' -는데
자다 (ja da)	Tidur 띠두ㄹ	자고 (jay o)	자서 (ja seo)	자니까 (ja ni kka)	자도 (ja do)	자면서 (ja myeon seo)	자는데 (ja neun de)
넣다 (neoh ta)	Taruh 따루ㅎ	넣고 (neoh ko)	넣어서 (neo eo seo)	넣으니까 (neo heu ni kka)	넣어도 (neoh eo do)	넣으면서 (neo heu myeon seo)	넣는데 (neo neun de)
신다 (sin da)	Pakai 빠까이	신고 (sin go)	신어서 (sin neo seo)	신으니까 (sin neu ni kka)	신어도 (sin neo do)	신으면서 (sin neu myeon seo)	신는데 (sin neun de)
다르다 (da reu da)	Beda 베다	다르고 (da reu go)	달라서 (dal la seo)	다르니까 (da reu ni kka)	달라도 (dal la do)	다르면서 (da reu myeon seo)	다른데 (da reun de)
멀다 (meol da)	Jauh 자우ㅎ	멀고 (meol go)	멀어서 (meol leo seo)	머니까 (meo ni kka)	멀어도 (meol leo do)	멀면서 (meol myeon seo)	먼데 (meon de)

	인도네시아	-고	-아/어/여)서	-(으)니까	-아/어/여)도	-(으)면서	-는데
좋아하다 (jo a ha da)	Suka 수까	좋아하고 (jo a ha go)	좋아해서 (jo a hae seo)	좋아하니까 (jo a ha ni kka)	좋아해도 (jo a hae do)	좋아하면서 (jo a ha myeon seo)	좋아하는데 (jo a ha neun de)
높다 (nop ta)	Tinggi 띵기	높고 (nop go)	높아서 (no pha seo)	높으니까 (no pheu ni kka)	높아도 (no pha do)	높으면서 (no pheu myeon seo)	높은데 (no pheun de)
찾다 (cha ta)	Cari 찌라	찾고 (chat go)	찾아서 (cha ja seo)	찾으니까 (cha jeu ni kka)	찾아도 (cha ja do)	찾으면서 (cha jeu myeon seo)	찾는데 (cha neun de)
바쁘다 (ba peu da)	Sibuk 시북	바쁘고 (ba peu go)	바빠서 (ba pha seo)	바쁘니까 (ba peu ni kka)	바빠도 (ba pa do)	바쁘면서 (ba peu myeon seo)	바쁜데 (ba peun de)
덥다 (deob ta)	Panas 빠나ㅅ	덥고 (deob go)	더워서 (deo wo seo)	더우니까 (deo u ni kka)	더워도 (deo wo do)	더우면서 (deo u myeon seo)	더운데 (deo un de)
크다 (kheu da)	Besar 브사ㄹ	크고 (kheu go)	커서 (kheo seo)	크니까 (kheu ni kka)	커도 (kheo do)	크면서 (kheu myeon seo)	큰데 (kheun de)
울다 (ul da)	Menangis 므낭이ㅅ	울고 (ul go)	울어서 (ul leo seo)	우니까 (u ni kka)	울어도 (ul leo do)	울면서 (ul myeon seo)	우는데 (u neun de)

문법 Tata Bahasa

g. Angka (digunakan untuk menghitung hari, uang dan ukuran jarak) (수와 단위표 1)

1	2	3	4	5	6	7	8	9	10
일 (il)	이 (i)	삼 (sam)	사 (sa)	오 (o)	육 (yuk)	칠 (chil)	팔 (phal)	구 (gu)	십 (sib)
11	12	13	14	15	16	17	18	19	20
십일 (sib bil)	십이 (sib bi)	십삼 (sib sam)	십사 (sib sa)	십오 (sib o)	십육 (sib yuk)	십칠 (sib chil)	십팔 (sib phal)	십구 (sib gu)	이십 (I sib)

h. Angka (digunakan untuk menghitung satuan benda, jam, waktu dan usia) (수와 단위표 2)

1	2	3	4	5	6	7	8	9	10
하나(한) (ha na) (han)	둘(두) (dul) (du)	셋(세) (set) (se)	넷(넷) (net) (net)	다섯 (da seot)	여섯 (yeo seot)	일곱 (il gob)	여덟 (yeo deol)	아홉 (a hob)	열 (yeol)
11	12	13	14	15	16	17	18	19	20
열 하나 (yeol ha na)	열 둘 (yeol dul)	열 셋 (yeol set)	열 넷 (yeol net)	열 다섯 (yeol da seot)	열 여섯 (yeol yeo seot)	열 일곱 (yeol il gob)	열 여덟 (yeol yeo deolb)	열 아홉 (yeol a hob)	스물 (seu mul)

10	20	30	40	50	60	70	80	90	100
열 (yeol)	스물 (스무) (seu mul) (seu mu)	서른 (seo reun)	마흔 (ma heun)	쉰 (swin)	예순 (ye sun)	일흔 (il heun)	여든 (yeo deun)	아흔 (a heun)	백 (Baek)

100	1,000	10,000	100,000	1,000,000	10,000,000	100,000,000
백 (baek)	천 (cheon)	만 (man)	십만 (sib man)	백만 (baek man)	천만 (cheon man)	억 (Eok)

i. Kalendar (달력)

1	2	3	4	5	6	7	8	9	10	11	12
일월 (il wol)	이월 (I wol)	삼월 (sam wol)	사월 (sa wol)	오월 (o wol)	유월 (yu wol)	칠월 (chil wol)	팔월 (phal wol)	구월 (gu wol)	시월 (si wol)	십일월 (sib bil wol)	십이월 (sib bi wol)

1/1	2/10	3/17	4/24	5/31	6/6	7/27	8/13	9/17	10/28	11/18	12/30
일월 일일 (il wol il il)	이월 십일 (I wol sib bil)	삼월 십 칠일 (ssam wol sib chili l)	사월 이십사 일 (sa wol I sib s ail)	오월 삼십일 일 (o wol sam sib il il)	유월 육일 (yu wol yuk kil)	칠월 이십칠 일 (chil wol I sib chili l)	팔월 십삼일 (phal wol sib sam il)	구월 십칠일 (gu wol sib chili l)	시월 이십팔 일 (si wol I sib phal il)	십일월 십팔일 (sib bil wol sib phal il)	십이월 삼십일 (sib I wol sam sib bil)

문법 Tata Bahasa

j. Bentuk Pasif (피동표)

	원형		피동형	
−이 (-i)	놓다 (noh ta)	(Taruh) Menaruh	놓이다 (no hi da)	Ditaruhkan
	보다 (bo da)	(Lihat) Melihat	보이다 (bo I da)	Kelihatan
−히 (-hi)	읽다 (ilk ta)	(Baca) Membaca	읽히다 (il gi da)	Dibacakan
	닫다 (da ta)	(Tutup) Menutup	닫히다 (dad hi da)	Ditutup
	묻다 (muk ta)	(Kubur) Mengubur	묻히다 (mut hi da)	Dikubur
	잡다 (jab ta)	(Tangkap) Menangkap	잡히다 (ja phi da)	Ditangkap
−리 (-ri)	듣다 (deud ta)	(Dengar) Mendengar	들리다 (deul lida)	Kedengaran
	살다 (sal da)	Hidup	살리다 (sal lida)	Dihidupkan
−기 (-gi)	안다 (an da)	(Peluk) Memeluk	안기다 (an gi da)	Dipeluk
	끊다 (keun ta)	(Didih) Mendidihkan	끊기다 (keun gi da)	Dididihkan
	믿다 (mit tta)	(Percaya) Mempercayai	믿기다 (mi gi da)	Dipercayakan

k. Kata Kerja Kausatif (사동표)

	원형		피동형	Berbuat sesuatu untuk orang lain
-이 (-i)	먹다 (meo tta)	Makan 마깐	먹이다 (meo gi da)	Memberi makan
	보다 (bo da)	Lihat 리핫	보이다 (bo I da)	Memperlihatkan
	죽다 (juk tta)	Mati 마띠	죽이다 (ju gi da)	Membunuh
-히 (-hi)	읽다 (il tta)	Baca 바짜	읽히다 (Il khi da)	Dibacakan
	넓다 (neol pa)	Luas 루아ㅅ	넓히다 (neol phi da)	Memperluas
	좁다 (jo pa)	Sempit 슴삣	좁히다 (jo phi da)	Mempersempit
-리 (-ri)	알다 (al da)	Tahu 따후	알리다 (al lid a)	Memberi tahu
	살다 (sal da)	Hidup 히둡	살리다 (sal lid a)	Menyelamatkan
	놀다 (nol da)	Bermain 브ㄹ마인	놀리다 (nol lida)	Memberi kesempatan untuk bermain
-기 (-gi)	벗다 (beo tta)	Melepas pakaian 믈ㄹ빠ㅅ 빠까이안	벗기다 (beo khi da)	Melepaskan pakaian (seseorang)
	웃다 (u tta)	Tertawa 뜨ㄹ따와	웃기다 (u khi da)	Membuat orang lain tertawa
	숨다 (sum da)	Sembunyi 슴분이	숨기다 (sum gi da)	Bersembunyi

문법 Tata Bahasa

	원형		피동형	Berbuat sesuatu untuk orang lain
-우 (-u)	자다 (ja da)	Tidur 띠두ㄹ	재우다 (Jae u da)	Menidurkan
	서다 (sad a)	Berdiri 브ㄹ디리	세우다 (se u da)	Berbuat
-구 (-gu)	돋다 (do tta)	Keluar 끌루아ㄹ	돋구다 (do gu da)	Mengeluarkan
-추 (-chu)	맞다 (ma cca)	Cocok 쪼쪽	맞추다 (ma chu da)	Mencocokkan
	늦다 (neu cca)	Terlambat 뜨ㄹ람밧	늦추다 (neu chu da)	Mengundurkan

1. Bentuk Kata Kerja 'Yang' (동사 수식표)

	Bahasa Indonesia 인도네시아	Bentuk Sekarang 현재	Bentuk Lampau 과거	Bentuk Masa Depan 미래
		-는	-(으)ㄴ	-(으)ㄹ
가다 (gad a)	Pergi 쁘ㄹ기	가는 사람 (ga neun sa ram)	간 사람 (gan sa ram)	갈 사람 (gal saram)
보다 (bo da)	Lihat 리핫	보는 영화 (bo neun yeong hwa)	본 영화 (bon yeong hwa)	볼 영화 (bol yeong hwa)
노래하다 (no rae ha da)	Menyanyi 믄나니	노래하는 가수 (no rae ha neun gasu)	노래한 가수 (no rae han ga su)	노래할 가수 (no rae hal gasu)

	Bahasa Indonesia 인도네시아	Bentuk Sekarang 현재	Bentuk Lampau 과거	Bentuk Masa Depan 미래
		-는	-(으)ㄴ	-(으)ㄹ
쓰다 (sse da)	Tulis 뚤리ㅅ	쓰는 이메일 (sseu neun I me il)	쓴 이메일 (sseun I me il)	쓸 이메일 (sseul I me il)
싸우다 (ssa u da)	Bertengkar 브ㄹ뜽까ㄹ	싸우는 아이 (ssa u neun a i)	싸운 아이 (ssa un a i)	싸울 아이 (ssa ul a i)
팔리다 (phal lid a)	Jual 주알	팔리는 구두 (phal li neun gu du)	팔린 구두 (phal lingu du)	팔릴 구두 (phal lil gu du)
들리다 (deul li da)	Medengar 믄등아ㄹ	들리는 음악 (deul li neun eu mak)	들린 음악 (deul lineu mak)	들릴 음악 (deul lil eu mak)
읽다 (Il tta)	Baca 바짜	읽는 책 (ilk neun chaek)	읽은 책 (il geun chaek)	읽을 책 (il geul chaek)

m. Bentuk Adjektif (형용사 수식표)

Bentuk Adjektif 형용사	Bahasa Indonesia 인도네시아어	-ㄴ	-은/-운
비싸다 (bi ssa da)	Mahal 마할	비싼 시계 (bi ssan si gye)	
기쁘다 (Gi peu da)	Senang 스낭	기쁜 뉴스 (go peun nyu seu)	

문법 Tata Bahasa

Bentuk Adjektif 형용사	Bahasa Indonesia 인도네시아어	-ㄴ	-은/-운
편하다 (phyeon ha da)	Nyaman 냐만	편한 자리 (phyeon han ja ri)	
무겁다 (mu geob ta)	Berat 브랏		무거운 가방 (mu geo un ga bang)
많다 (man tha)	Banyak 반약		많은 사람 (man neun sa ram)
넓다 (neolb ta)	Luas 루아ㅅ		넓은 건물 (neol beun geon mul)

∷ Peraturan Bentuk (ㄷ불규칙)

	Bahasa Indonesia 인도네시아어	Bentuk Formal -ㅂ/습니다.	Bentuk Informal -아(어/여)요.	Bentuk Lampau Informal -았(었/였) 어요.	Bentuk masa depan 'akan' informal -(으)ㄹ 거예요.
걷다 (geo tta)	Jalan 잘란	걷습니다 (geot seum ni da)	걸어요 (geol leo yo)	걸었어요 (geol leo seo yo)	걸을 거예요 (geol leul geo e yo)
듣다 (deu tta)	Dengar 등아ㄹ	듣습니다 (deut seum ni da)	들어요 (deul leo yo)	들었어요 (deul leo seo yo)	들을 거예요 (deul leul geo ye yo)
묻다 (mu tta)	Bertanya 브ㄹ따냐	묻습니다 (mut seum ni da)	물어요 (mul leo yo)	물었어요 (mul leo seo yo)	물을 거예요 (mul leul geo ye yo)

Bahasa Indonesia 인도네시아어		Bentuk Formal -ㅂ/습니다.	Bentuk Informal -아(어/여)요.	Bentuk Lampau Informal -았(었/였)어요.	Bentuk masa depan 'akan' informal -(으)ㄹ 거예요.
싣다 (sin tta)	Menumpuk 므눔뿍	싣습니다 (sit seum ni da)	실어요 (sil leo yo)	실었어요 (sil leo seo yo)	실을 거예요 (sil leul geo ye yo)

:: Peraturan Bentuk (ㅂ불규칙)

Bahasa Indonesia 인도네시아어		Bentuk Formal -ㅂ/습니다.	Bentuk Informal -아(어/여)요.	Bentuk Lampau Informal -았(었/였)어요.	Bentuk masa depan 'akan' informal -(으)ㄹ 거예요.
고맙다 (go mab tta)	Terimakasih 뜨리마까시ㅎ	고맙습니다 (go mab seum ni da)	고마워요 (go ma wo yo)	고마웠어요 (go ma wo seo yo)	고마울 거예요 (go ma ul geo ye yo)
어렵다 (eo ryeob tta)	Sulit 술릿	어렵습니다 (eo ryeob seum ni da)	어려워요 (eo ryeo wo yo)	어려웠어요 (eo ryeo wo seo yo)	어려울 거예요 (eo ryeo ul geo ye yo)
즐겁다 (jeol geob tta)	Menyenangkan 믄으낭깐	즐겁습니다 (jeul geob seum ni da)	즐거워요 (jeul geo wo yo)	즐거웠어요 (jeul geo wo seo yo)	즐거울 거예요 (jeul geo ul geo ye yo)
쉽다 (swib tta)	Mudah 무다ㅎ	쉽습니다 (swib seum ni da)	쉬워요 (swi wo yo)	쉬웠어요 (swi wo seo yo)	쉬울 거예요 (swi ul geo ye yo)
눕다 (num tta)	Berbaring 브ㄹ바링	눕습니다 (nub seum ni da)	누워요 (nu wo yo)	누웠어요 (nu wo seo yo)	누울 거예요 (nu ul geo ye yo)

문법 Tata Bahasa

Peraturan Bentuk (으불규칙)

	Bahasa Indonesia 인도네시아어	Bentuk Formal -ㅂ/습니다.	Bentuk Informal -아(어/여)요.	Bentuk Keterangan (karena) -아(어/여)서	Bentuk Lampau Informal -았(었/였)어요.
아프다 (a pheu da)	Sakit 사낏	아픕니다 (a pheum ni da)	아파요 (a pha yo)	아파서 (a pha seo)	아팠어요 (a pha seo yo)
예쁘다 (ye peu da)	Cantik 짠띡	예쁩니다 (ye peum ni da)	예뻐요 (ye peo yo)	예뻐서 (ye peo seo)	예뻤어요 (ye peo seo yo)
쓰다 (sseu da)	Tulis 뚤리ㅅ	씁니다 (sseum ni da)	써요 (sseo yo)	써서 (sseo seo)	썼어요 (sseo seo yo)
크다 (kheu da)	Besar 브사르	큽니다 (kheum ni da)	커요 (kheo yo)	커서 (kheo seo)	컸어요 (kheo seo yo)
따르다 (ta reu da)	Berbeda 브르베다	따릅니다 (ta reum ni da)	따라요 (tar a yo)	따라서 (tar a seo)	따랐어요 (tara seo yo)

Peraturan Bentuk (ㅅ불규칙)

	Bahasa Indonesia 인도네시아어	Bentuk Formal -ㅂ/습니다.	Bentuk Informal -아(어/여)요.	Bentuk Lampau Informal -았(었/였)어요.	Bentuk masa depan 'akan' informal -(으)ㄹ까요?
젓다 (jeo tta)	Mengaduk 믕아둑	젓습니다 (jeo sseum ni da)	저어요 (jeo eo yo)	저었어요 (jeo eo seo yo)	저을까요? (jeo eul kka yo?)

Bahasa Indonesia 인도네시아어		Bentuk Formal -ㅂ/습니다.	Bentuk Informal -아(어/여)요.	Bentuk Lampau Informal -았(었/였)어요.	Bentuk masa depan 'akan' informal -(으)ㄹ까요?
짓다 (ji tta)	Membangun 믐방운	짓습니다 (ji sseum ni da)	지어요 (ji eo yo)	지었어요 (ji eo seo yo)	지을까요? (ji eul kka yo?)
잇다 (I tta)	Menghubungkan 믕후붕깐	잇습니다 (I sseum ni da)	이어요 (I eo yo)	이었어요 (I eo seo yo)	이을까요? (I eul kka yo?)

n. Bentuk 1: Subjek + Kata Kerja Sempurna (제1형식: 주어 + 완전자동사)

▶ 날씨가 좋아요.
  (Nalssiga joayo.)

  Cuacanya indah ya.
  쭈아짜냐   인다ㅎ   야
  • Udaranya enak ya 〈더 자연스러운 표현〉
   우다라냐   에낙   야
   (Deo ja yeonseu roun phyohyeon)

▶ 아기가 기어요.
  (Bayinya imut-imut.)

  Bayinya imut-imut.
  바이냐   이뭇   이뭇
  • Bayinya lucu ya 〈더 자연스러운 표현〉
   바이냐   루쭈   야
   (Deo ja yeonseu roun phyohyeon)

문법 Tata Bahasa

▸ 새가 날아요.
(Saega nallayo)

Burung terbang.
부룽   뜨르방

▸ 개가 달려요.
(Gaega dallyeoyo)

Anjng berlari.
안징   브르라리

▸ 비가 내려요.
(Biga naeryeoyo)

Turun hujan.
뚜룬   후잔

o. Bentuk 2: Subjek + Komplemen + Kata Kerja Tidak Sempurna (제 2형식: 주어 + 보어 + 불완전자동사)

▸ 우리는 사업가예요.
(Urineun saeobgayeyo)

Kita/ Kami pengusaha.
끼따/   까미   쁭우사하

▸ 키가 아버지만해요.
(Khiga abeojimanhaeyo)

Tingginya setinggi ayah.
띵기냐   스띵기   아야ㅎ

▸ 우리는 가수가 되고 싶어요.
(Urineun gasuga dwego sipheoyo)

Kami ingin menjadi penyanyi.
까미   잉인   믄자디   쁘냐니

제2부 문법 115

- 그는 인도네시아 사람 같아요.
  (Geuneun indonesiasaram gathayo)

  Dia sepertinya orang Indonesia.
  디아 스쁘르띠냐 오랑 인도네시아

- 김명수씨가 모델 비슷해요.
  (Kimmyeongsussiga mothel biseuthaeyo)

  Kim Myeong Su seperti model.
  김 명 수 스쁘르띠 모델

p. Bentuk 3: Subjek + Kata Tujuan + Kata Kerja Sempurna (제3형식: 주어 + 목적어 + 완전타동사)

- 나는 당신을 사랑해요.
  (Naneun dangsinneul saranghaeyo.)

  Saya cinta kamu.
  사야 찐따 까무

- 당신은 무엇을 준비했어요?
  (Dangsinneun mueoseul junbihaeseoyo?)

  Anda sudah mempersiapkan apa?
  안다 수다ㅎ 믐쁘르시앞깐 아빠

- 우리는 인도네시아를 배워요.
  (Urineun indonesiareul baeweoyo.)

  Kami/kita belajar tentang Indonesia.
  까미/ 끼따 블라자르 뜬땅 인도네시아

- 우리는 편지를 써요.
  (Urineun pyeonjireul sseoyo.)

  Kami menulis surat.
  까미 므눌리스 수랏

문법 Tata Bahasa

q. Bentuk 4: Subjek + Kata Tujuan Langsung + Kata Tujuan Tidak Langsung + Kata Kerja Kompleks (제4형식: 주어 + 직접목적어(간접목적어) + 간접목적어(직접목적어) + 복합동사)

- 그는 우리에게 인도네시아어를 가르쳐요.
  〈그는 인도네시아어를 우리에게 가르쳐요.〉
  (Geuneun uriege indonesiaeoreul gareuchyeoyo = geuneun indonesiaeoreul uriege gareuchyeoyo.))

  Beliau mengajar bahasa Indonesia pada kami.
  블리아우   믕아자ㄹ   바하사   인도네시아   빠다   까미

- 부모는 자식에게 생일 선물을 주어요.
  〈= 부모는 생일 선물을 자식에게 주어요.〉
  (Bumoneun jasikege saengil seonmulleul jueoyo bumoneun saengil seonmulleul jasikege jueoyo.)

  Orangtua memberi hadiah pada anak-anak.
  오랑뚜아   믐브리   하디아ㅎ 빠다   아낙-아낙

- 사장은 직원에게 월급을 주어요 = 〈사장은 월급을 직원에게 주어요〉
  (sajangeun jikweonege weolgeubeul jueoyo
  =sajangeun wongeubeul jikwonege jueoyo.)

  Bos memberi uang gaji pada karyawannya.
  보ㅅ   믐브리   우앙 가지 빠다   까ㄹ야완냐

- 상인은 우리에게 상품을 팔아요 = 〈상인은 상품을 우리에게 팔아요〉
  (sangineun uriege sangphumeul phallayo
  =sangineun sangphumeul uriege phallayo.)

  Penjual menjual barangnya kepada kami.
  쁜주알   믄주알   바랑냐   끄빠다   까미

r. Bentuk 5: Subjek Keterangan + Subjek + Kata Keterangan Tujuan + Kata Tujuan + Kata Keterangan Kerja + Kata Kerja Sempurna (제 5형식: 주어수식어 + 주어 + 목적어수식어 + 목적어 + 동사수식어 + 완전타동사)

▸ 부지런한 사람은 많은 돈을 매일 벌어요.
(Bujireonhan sarameun manneun doneul maeil beolleoyo.)
Orang yang rajin setiap hari mendapat nafkah<uang>.
오랑   양   라진   스띠앞   하리   믄다빳   낲깧   〈우앙〉

▸ 우리 회사는 새로운 상품을 항상 팔아요.
(Uri hwesaneun saeroun sangphumeul hangsang phallayo.)
Perusahaan kami setiap hari menjual barang baru.
쁘루사하안   까미   스띠앞   하리   믄주알   바랑   바루

▸ 이 공장은 예쁜 가방을 대량 생산해요.
(I gongjangeun yepeun gabangeul daeryang saengsanhaeyo.)
Pabrik ini memproduksi tas yang cantik.
빠브릭   이니   믐쁘로둑시   따ㅅ 양   짠띡

▸ 우리 호텔은 팔은 기념품을 2층에서 전시해요.
(Uri hothelleun phalleun ginyeomphummeul icheungeseo jeonsi-haeyo.)
Di hotel kami lantai 2 ada pameran yang menjual barang-
디 호뗄 까미   란따이 두아 아다 빠메란   양   믄주알   바랑-
barang souvenir.
바랑   수베니ㄹ

▸ 이 학교는 방학기간 중에 여러 외국어를 가르쳐요.
(I hakkyoneun banghakgigan junge yeoreo wegukgeoreul gareuchyeoyo.)
Di sekolah kami mengajar berbagai bahasa asing selama
디 스꼴라ㅎ 까미   믕아자ㄹ   브르바가이   바하사   아싱   슬라마

문법 Tata Bahasa

musim liburan.
무심   리부란

• 비고: 한국어에는 각 문장에 주격 조사와 직접목적격조사 및 간접목적 격조사가 있다.

s. Pengamatan Nominatif (주격조사)

▶ 이것은(이) 우리 상품이에요.
(Igeoseunni uri sangphumiyeyo.)

Ini hadiah kami.
이니 하디아ㅎ 까미

▶ 안개가(는)(안갠) 없어요.
(Angaeganeun angaen eobseoyo.)

Tidak berkabut.
띠닥   브ㄹ까붓

t. Pengamatan Tujuan Langsung (직접목적격조사)

▶ 우리는 운동을 좋아해요.
(Urineun undongeul joahaeyo.)

Kami suka berolahraga.
까미   수까   브ㄹ올라ㅎ라가

▶ 당신은 누구를(누굴) 사랑해요?
(Dangsineun nugureul (nugul)saranghaeyo?)

Anda mencintai siapa?
안다   믄찐따이   시아빠

u. Pengamatan Tujuan Tidak Langsung (간접목적격조사)

▸ 나는 친구에게(한테) 생일 선물을 주었어요.
 (Naneun chinguege(hanthe) saengil seonmulleul juepseoyo.)

 Saya memberi hadiah pada teman.
 사야 믐브리 하디아ㅎ 빠다 뜨만

▸ 선생님께(께) 여쭈어 보세요.
 (Seonsaengnumkke yeocueo boseyo.)

 Coba bertanya kepada ibu/bapak guru.
 쪼바 브르딴야 끄빠다 이부/바빡 구루

1. 입니다/입니까

※ 입니다 adalah kalimat bahasa Korea formal yang paling mendasar. Subjek dan predikat saling berdempetan.

a. 저는 한국 사람입니다.
 (Jeoneun hangkuk saram imnida.)

 Saya orang Korea.
 사야 오랑 꼬레아

b. 저기가 서울 대학교 입니다.
 (Jeogiga seoul daehakkyo imnida.)

 Di situ Universitas Seoul.
 디 시뚜 우니베르시따ㅅ 서울

c. 오늘 수요일 입니다.
 (Oneul suyoil imnida.)

 Hari ini hari Rabu.
 하리 이니 하리 라부

d. 오늘 이나씨 생일 입니다.
 (Oneul inassi saengil imnida.)

문법 Tata Bahasa

Hari ini hari ulang tahun Ina.
하리 이니 하리 울랑 따훈 이니

※ 입니까 adalah pola kalimat bertanya Korea formal. Subjek dan predikat saling berdampingan.

a. 이분 누구입니까?
(Ibun nugu imnikka?)
Siapakah orang ini?
시아빠까ㅎ 오랑 이니

b. 저사람 미국인입니까?
(Jeosaram migukin imnikka?)
Apakah orang itu orang Amerika?
아빠까ㅎ 오랑 이뚜 오랑 아메리까

c. 그분 선생님입니까?
(Geubun seonsaengnim imnikka?)
Apakah beliau seorang pengajar?
아빠까ㅎ 블리아우 세오랑 뻥아자ㄹ

d. 이승주님은 원장님입니까?
(Iseungjunim wonjangnim imnikka?)
Apkah Lee Seung Ju adalah seorang kepala sekolah/kursus.
아빠까ㅎ 이 승 주 아달라ㅎ 세오랑 끄빨라 스꼴라ㅎ/ 꾸르수ㅅ

2. (명사/형용사) ㅂ/습니다

※ Bentuk kalimat formal yang menunjukkan aktivitas. Dengan kata kerja dan kata sifat.

a. 운동을 좋아합니다. (Undongeul joahamnida.)
suka olahraga.
수까 올라ㅎ라가

b. 요리를 싫어합니다.
   (Yorireul silleohamnida.)
   Tidak suka memasak.
   띠닥   수까   므마삭

c. 숙제가 너무 어렵습니다.
   (Sukjega neomu eoryeoseumnida.)
   PRnya sangat sulit.
   베레ㄹ냐   상앗   술릿

d. 저는 아픕니다.
   (Jeoneun apheumnida.)
   Saya sakit.
   사야   사낏

3. (동사/형영사) ㄹ/ 으수록

※ Semakin ⋯. semakin. Dengan kata kerja dan kata sifat.

알다 (alda)	Tahu 따후	알수록 (alsurok)
걷다 (geotta)	Berjalan 브ㄹ잘란	걸을수록 (geoleulsurok)
듣다 (deutta)	Mendengar 믄등아ㄹ	들을수록 (deuleulsurok)
공부하다 (gonguhada)	Belajar 블라자ㄹ	공부할수록 (gonbuhalsurok)
맵다 (maebta)	Pedas 뻬다ㅅ	매울수록 (myaulsurok)
춥다 (chobta)	Dingin 딩인	추울수록 (chuulsurok)
덥다 (deobta)	Panas 빠나ㅅ	더울수록 (deoulsurok)

문법 Tata Bahasa

a. 가: 한국어 공부가 어때요?
   (Hangukgeo gongbuga eotheyo?)

   Bahasa Korea bagaimana?/Bagaimana belajar bahasa Korea?
   바하사 꼬레아 바가이마나?/ 바가이마나 블라자ㄹ 바하사 꼬레아?

   나: 공부할수록 어렵지만 재미있습니다.
   (Gongbuhalsurok eoryeobjiman jaemiiseumnida.)

   Semakin belajar meskipun sulit semakin menarik.
   스마낀 블라자ㄹ 므ㅅ끼ㅃ뿐 술릿 스마낀 므나릭

b. 가: 그 책은 좋을까요?
   (Geu chaekeun joeulkkayo?)

   Apakah buku ini bagus?
   아빠까ㅎ 부꾸 이니 바구ㅅ?

   나: 이 책은 읽을수록 특별한 재미가 있습니다.
   (I chaekeun ilgeulsurok theukbyqolhan jaemiga iseumnida.)

   Buku ini semakin dibaca semakin menarik.
   부꾸 이니 스마낀 디바짜 스마낀 므나릭

c. 가: 김준호씨는 어떤 사람이에요?
   (Jimjunhossineun eoteon saramieyo?)

   Kim Jun Ho orangnya bagaimana?
   김 준 호 오랑냐 바가이마나?

   나: 만나면 만날수록 재밌없는 사람인 것 같아요.
   (Mannamyeon mannalsurok jaemieobneun saramin geot gathayo.)

   Semakin kenal orangnya semakin tidak menarik.
   스마낀 끄날 오랑냐 스마낀 띠닥 므나릭

4. (명사/형용사) ㄹ 거에요/ 동사 일 거에요
   (명사/형용사) ㄹ 겁니다/ 동사 일 겁니다
   (명사/형용사) ㄹ 것이다/ 동사 일 것이다

   ※ Akan melakukan sesuatu. Digunakan dengan kata kerja dan kata sifat.

   a. 저는 다음 주 토요일에 이사할 거에요.
      (Jeoneun daeumju thoyoille isahalgeoeyo.)

      Sayaakan pindah Sabtu minggu depan.
      사야아깐   삔다ㅎ   삽뚜   밍구   드빤

   b. 나는 이제 담배 끊을 겁니다.
      (Naneun ije dambae kkeunneul geomnida.)

      Saya akan berhenti merokok.
      사야   아깐   브ㄹ흔띠   므로꼭

   c. 고추를 많이 놓으면 매울 것이다.
      (Gochureul manni noheumyeon maeulgeosida.)

      Kalau banyak Lombok ditaruh maka akan pedas.
      깔라우 반약   롬복   디따루ㅎ 마까 아깐 쁘다ㅅ

   d. 나는 있다가 미용실에 갈 거에요.
      (Naneun ittaga miyongsille galgeoeyo.)

      Saya nanti akan pergi ke salon rambut.
      사야 난디   아깐 쁘ㄹ기 끄 살론   람붓

5. (명사/형용사) 기

   ※ Kata benda yang dihubungkan dengan kata kerja atau kata sifat

문법 Tata Bahasa

a. 마리아씨가 요리하기를 잘하고 피아노를 치기도 잘합니다.
   (Mariassiga yorihagireul jalhago phianoreul chigido jalhamnida.)
   Maria pintar memasak dan main piano.
   마리아 쁜따ㄹ 므마삭 단 마인 삐아노

b. 전시회에 일하기가 아주 재미있어요.
   (Jeonsihwee ilhagiga aju jaemiiseoyo.)
   Bekerja di pameran sangat menarik.
   브끄ㄹ자 디 빠메란 상앗 므나릭

c. 책을 쓰기가 쉽지 않다.
   (Chekkeul sseugiga swibji anna.)
   Menulis buku tidak mudah.
   믄눌리ㅅ 부꾸 띠닥 무다ㅎ

d. 지하철 타기가 불편해요.
   (Jihacheol thagiga bulphyenhaeyo.)
   Naik kereta bawah tanah tidak nyaman.
   나익 끄레따 바와ㅎ 따나ㅎ 띠닥 냐만

6. (명사)로/으로 인해서

   ※ Menunjukan sebab, alasan

   a. 가: 한국 직장인들의 생활은 어때요?
      (Hanguk jikjangindeuleui saenghwaleun eottaeyo?)
      Bagaimana kehidupan para pekerja Korea?
      바가이마나 끄히두판 빠라 쁘끄ㄹ자 꼬레아?

   나: 요즘 직장인들이 야근으로 인해서 스트레스가 많대요.
      (Yojeum jikjangindeulli yageuneuro inhaeseo sutheureuseuga mandaeyo.)
      Akhir-akhir ini karena lembur banyak para pekerja stress.
      아키ㄹ- 아키ㄹ 이니 까레나 름부ㄹ 반약 빠라 쁘끄ㄹ자 스뜨레ㅅ

b. 가: 인도네시아어 어때요?
   (Indonesia eotthaeyo?))

   Bagaimana bahasa Indonesia?
   바가이마나   바하사   인도네시아?

   나: 인도네시아어가 복잡한 호칭으로 인해서 더 어려워졌어요.
   (Indonesiaeoga bokjabhan hochingeuro inhaeseo deo eoryeo-
   wojyeoseoyo.)

   Karena banyaknya nama panggilan dalam bahasa
   까르나   반약냐   나마   빵길란   달람   바하사
   Indonesia maka semakin sulit.
   인도네시아   마까   스마낀   술릿

c. 가: 명순씨가 어디에요? 많이 기다리고 있는데.
   (Myeongsunssiga eodiyeyo? manni gidarigo ineunde.)

   Dimana Myeong Sun? sudah menunggu terlalu lama nih.
   디마나   명   순?   수다ㅎ   므눙구   뜨르랄루 라마니ㅎ

   나: 교통사고로 인해서 교통이 통제됐대요.
   (Gyothongsagoro inhaeseo gyothongi thongjedwedaeyo.)

   Karena kecelakaan maka lalu lintas menjadi macet.
   까르나   끄쯀라까안   마까   랄루   린따ㅅ   믄자디   마쯧

7. 명사 + ~처럼

※ Seperti

a. 로마니아 온 크리스처럼 착한 친구도 없지.
   (Romania on kheuriseucheoreom chakkan chingudo eobji.)

   Tidak ada teman sebaik Kris dari Rumania.
   띠닥   아다   뜨만   스바익   크리스 다리   루마니아

문법 Tata Bahasa

b. 제주도처럼 아름다운 곳도 없어요.
   (Jejudocheoreom areumdaun gotdo eobseoyo.)

   Tidak ada tempat seindah pulau Jeju.
   띠닥   아다 뜸빳   스인다ㅎ   뿔라우 제주

c. 어머니처럼 엄마 되고 싶어요.
   (Eomeonicheoreom eomma dwego sipheoyo.)

   Saya ingin menjadi seorang ibu seperti ibu saya.
   사야 잉인 믄자디   스오랑   이부 스쁘ㄹ띠 이부 사야

d. 시르크처럼 박영화비부가 너무 부드럽다.
   (Sireukheuchoreom bakyeonghwabibuga neomu budeureobta.)

   Kulit Park Yeong Hwa sangat halus seperti kain sutra.
   꿀릿   박   영   화   상앗   할루ㅅ 스쁘ㄹ띠 까인 수뜨라

8. 명사 ~을/를 위해/ 위해서 dan 동사 + 기 위해/ 위해서
   ※ Untuk, bagi, agar, demi

   a. 노트북를 사기 위해서 돈을 모았어요.
      (Notheubukreul sagi wihaeseo donneul moaseoyo.)

      Demi membeli laptop saya mengumpulkan uang.
      드미   믐블리   냎뗖   사야 믕움뿔깐   우앙

   b. 시험에 합격하기 위해서 열심히 공부했어요.
      (Siheomme habkyeokhagi wihaeseo yeolsimhi gongbuhaeseoyo.)

      Saya belajar giat agar lulus tes.
      사야 블라자ㄹ 기앗 아가ㄹ 루루ㅅ 뗏

   c. 가족을 위해서 열심히 일해요.
      (Gajokkeul wihaeseo yeolsimhi ilhaeyo.)

      Saya rajin bekerja untuk keluarga.
      사야 라진 브꺼ㄹ자   운뚝   끌루아ㄹ가

d. 장학금 받기 위해 자격증을 많이 모아요.
(Janghakkeum batgi wihae jagyeokjeungeul manni moayo.)

Saya mengumpulkan sertifikat untuk mendapat beasiswa.
사야　　믕움뿔깐　　　　스ㄹ띠피깟　운뚝　믄다빳　　　베아시ㅅ와

9. ~에 대하여/ ~에 대해서

※ Tentang seseorang/sesuatu

a. 한국 유학 토론에 대하여 조명순 교주님이 초대했어요.
(Hankuk yuhakthoronne daehayeo jomyeongsun gyojunimmi jodaehaesseoyo.)

Kami mengundang Ibu dosen Jo Myeong Sun untuk diskusi
까미　믕운당　　　　이부 도센　조　명　　순　운뚝　디ㅅ꾸시

tentang belajar di luar negri Korea.
뜬땅　　블라자ㄹ 디 루아ㄹ 느그리　꼬레아

b. 법에 듣기에 대하여 위국인들이 시청에 갔었어요.
(Bobbe deukie daehayeo wegukkindeulli socheonge gasseosseoyo.)

Orang-orang asing pergi ke balai kota untuk mendengarkan
오랑-　　오랑　아싱　쁘ㄹ끼 끄　발라이 꼬따　운뚝　믄등아ㄹ깐

tentang peraturan.
뜬땅　　쁘라뚜란

c. 리아씨의 논문은 인도네시아 대학생들의 한국어를 공부에 대하여 씁니다.
(Riassieui nonmunneun Indonesia daehaksaengdeuleui hangukkeoreul gongbue daehayeo sseumnida.)

Lia menulis skripsi mengenai pembelajaran bahasa Korea
리아 므눌리ㅅ　스끄맆시　믕으나이　쁨블라자란　　　바하사　꼬레아

oleh para mahasiswa Indonesia.
올레ㅎ 빠라　마하시ㅅ와　　　인도네시아

문법 Tata Bahasa

d. 오늘 TV쇼에서는 다른 나라에 상업의 성공하는 방법에 대하여 많이 기대합니다.
(Oneul ttivisyoeseoneun dareun narae sangeobeuiseonggonghaneun bangbeobbe daehayeo manni gidaehamnida.)

Hari ini saya menanti acara TV mengenai cara berhasil
하리 이니 사야   므난띠   아짜라 띠비 믕으나이   짜라 브ㄹ하실
berbisnis di luar negri.
브ㄹ비스니ㅅ 디 루아ㄹ 느그리

10. ~에 따라서

※ Tergantung

a. A: 대학교를 졸업 후에 영국에서 취직할거죠?
(Daehakreul jolleobhue yeonggukeseo chijikhalgeojyo?)
Setelah lulus universitas, kamu akan bekerja di Inggris
스뜰라ㅎ 루루ㅅ 우니베ㄹ시따ㅅ   아깐   브끄ㄹ자 디 잉그리ㅅ
bukan?
부깐?

B: 네, 그렇지만 남자친구에 따라서 최소할 수 있습니다.
(Ne, geureojiman namjachingue ttaraseo cwesohal su iseumnida.)
Ya, tetapi tergantung pacar saya, bisa juga (tidak jadi
야, 뜨따삐 뜨ㄹ간뚱   빠짜ㄹ 사야, 비사 주가 (띠닥 자디
kesana/ditunggakkan).
끄사나/ 디뚱가깐

b. A: 장학금을 쉽게 받을 수 있나?
(Janghakgeummeul swibkke badeul su inna?)
Apakah mudah mendapatkan beasiswa?
아빠까ㅎ 무다ㅎ 믄다빳깐   베아시ㅅ와?

B: 시험 평가에 따라서 장학금 100%도 받알 수 있어요.
(Siheom phyeonggae ttaraseo janghakkeum baekpersentaedo badal su iseoyo.)

Tergantung hasil ujian, bisa juga menerima 100% beasiswa.
뜨르간뚱   하실 우지안, 비사 주가 므느리마 스라뚜ㅅ 쁘르센(100%)베아시ㅅ와

c. A: 이 책은 어때요?
(I chaekkeul eottaeyo?)

Bagaimana buku ini?
바가이나마   부꾸   이니?

B: 그 책은 사람에 따라서 좋다고 느끼는 부분이 달라요.
(Geu cheukkeun saramme ttaraseo jotago neukkineun bubunni dallayo.)

Tergantung orang yang membaca, kesannya pun
뜨르간뚱   오랑   양   믐바짜,   끄산냐   뿐

berbeda-beda.
브르베다 베다

11. (동사/명사) – (이) 나

※ Menunjukkan pilihan memilih sesuatu karena tidak ada pilihan yang lebih baik.

a. A: 주말에 뭐 할거에요?
(Jumalle mweo halgeoeyo?)

Akhir pekan ada rencana apa?
아키르 쁘깐   아다 른짜나   아빠?

B: 특별한 일도 없는데 집에서 영화나 볼거에요.
(Theukbyeolhan ildo eobneunde jibbeseo yeonghwana bolgeoeyo.)

Tidak ada yang spesial, mungkin akan menonton film di
띠닥   아다 양   스뻬시알,   뭉낀   아깐   므논똔   필름 디

문법 Tata Bahasa

    rumah.
    루마ㅎ

b. A: 졸업 후에 뭐 할 거에요?
    (Jolleobhue mweo halgoeyo?)
    Bagaimana rencanamu setelah lulus ujian?
    바가이마나　　른짜나무　　　스뜰라ㅎ　루루ㅅ　우지안

   B: 취직 못하면 미국에 석사나 공부 하고 싶어요.
    (Cwijik mottamyeon migukke seoksana gongbuhago sipheoyo.)
    Kalau tidak menemukan pekerjaan ingin belajar S2 di
    깔라우　　띠닥　므느무깐　　쁘끄ㄹ자안　잉인　블라자ㄹ 에ㅅ 두아(2) 디
    Amerika.
    아메리카

c. A: 오늘 점심에는 뭘 먹지?
    (Oneul jeomsimeneun mweol meokji?)
    Siang ini kita enaknya makan apa?
    시앙　이니 끼따　에낙냐　　마깐　　아빠?

   B: 글쎄, 치스라면이나 먹을까?
    (Geulsse, chiseuramyeonina meokeulkka?)
    Bagaimana kalau makan ramyron keju (mi keju)?
    바가이마나　　깔라우 마깐　　라면　　께주 (미　께주)?

12. (동사/형용사) - ~라고 하다

※ Dipakai untuk mengekpresikan keadaan/pemikiran pihak ketiga

※ 명사 (이)라고 하다 jika kata benda harus ditambah (이) dibelakangnya

※ (동사/형용사) ~냐고 하다 dipakai untuk mengekpresikan pertanyaan/pemikiran pihak ketiga

※ 명사 (이) 냐고 jika kata benda harus ditambah (이) dibelakangnya

a. 이리 오라고 한다.
   (Iri orago handa.)
   Dia meminta kami untuk datang ke sini.
   디아 므민따   까미   운뚝   다땅   끄 시니

b. 이 음막을 들으라고 했어요.
   (I eummakkeul deudeurago haesseoyo.)
   Dia meminta untuk mendengarkan musik ini.
   디아 므민따   운뚝   믄등아ㄹ깐   무식   이니

c. 선생님이 나에게 어머니한테 전화 걸어 드리라고 하세요.
   (Seonsaengnimmi naege eomeonihanthe jeonhwa geolleo deurirago haseyo.)
   Ibu/Bapak guru memintaku untuk menelepon Ibu saya.
   이뷰/ 바빡   구루   므민따꾸   운뚝   므늘레뽄   이부 사야

d. 아들이 아버지에게 차를 사 달라고 했어.
   (Adeulli abeojiege chareul sa dallago haesseo.)
   Anak laki-laki itu meminta ayahnya untuk membelikannya
   아낙   라끼- 라끼 이두 므민따   아야ㅎ냐   운뚝   믐블리깐냐
   mobil.
   모빌.

e. 언제 오냐고 해요.
   (Eonje onyago haeyo.)
   Dia/Saya/Mereka bertanya 'kapan datang?'
   디아/ 사야/ 므레까   브ㄹ딴야   '까빤   다땅'?

g. 언제 올 거냐고 해요.
   (Eonje ol geonyago hae yo.)
   Dia/Saya/Mereka bertanya 'kapan akan datang?'
   디아/ 사야/ 므레까   브ㄹ딴야   '까빤   아깐   다땅'?

문법 Tata Bahasa

h. 영어를 배울 거냐고 해요.
   (Yeonggeoreul baeul geonyago haeyo.)

   Dia/Saya/Mereka bertanya 'apakah akan belajar bahasa
   디아/ 사야/ 므레까   브ㄹ딴야   '아빠까ㅎ 아깐 블라자ㄹ 바하사
   Inggris?'
   잉그리ㅅ?

i. 내일이 쉬느날냐고 했어요.
   (Naeilli swineunalnyago haesseoyo.)

   Dia/Saya/Mereka bertanya 'apakah besok libur'.
   디아/ 사야/ 므레까   브ㄹ딴야   '아빠까ㅎ   베속   리부ㄹ?

13. 명사 ~에 대한 atau 명사 ~에 대해서

※ Tentang, mengenai
※ 명사 + ~에 대한 digunakan dengan subjek atau objek, sementara 동사 + ~에 대해서 dipakai dengan kata kerja

a. 재능에 대한 이야기합니다.
   (Jaeneunge daehan iyagihamnida.)

   Bercerita tentang keahlian.
   브ㄹ쯔리따   뜬땅   꼬아ㅎ리안

b. 손자 손녀에 대한 사랑이 간혹 자식에 대한 사랑보다 더하다.
   (Sonjasonnyeoe daehan sarangi hanhok jasikke daehan sarangboda deohada.)

   Lebih mencintai cucu-cucu daripada anak sendiri.
   르비ㅎ 믄찐따이   쭈   쭈   다리빠다   아낙   슨디리

c. 수출 · 수입에 대한 토론 프로그램이에요.
   (Suchulsuibbe daehan thoron pheurogeuraemmi iseyo.)

   Ada diskusi program tentang perdagangan ekspor-impor.
   아다 디ㅅ꾸시   프로그램   뜬땅   쁘ㄹ다강안   엑ㅅ뻐ㄹ- 임뽀ㄹ

d. 지하철 사고에 대한 기사가 났어요.
   (Jihacheol sagoe daehan gisaga nasseoyo.)

   Ada berita tentang kecelakaan di kereta bawah tanah.
   아다 브리따 뜬땅 끄쩔라까안 디 끄레따 바와ㅎ 따나ㅎ

f. 우리 오빠는 건강한 음식에 대해서 많이 알고 있어요.
   (Uri oppaneun geonganghan eumsille daehaeseo manni algo isseoyo.)

   Ayah kami sangat tahu mengenai makanan yang sehat.
   아야ㅎ 까미 상앗 따후 응으나이 마까난 양 세핫

g. 취미생활에 대해서 이야기했습니다.
   (Cwimi saenghwalle daehaeseo iyagihaeseumnida.)

   Pembicaraan tentang hobi.
   쁨비짜라안 뜬땅 호비

h. 올리아가 한국에 직장생활에 대해서 많이 알고 싶어요.
   (Olliaga hangukke jikjangsaenghwalle daehaeseo manni algo sipheoyo.)

   Olia ingin mengetahui kehidupan kantor(kehidupan bekerja)
   올리아 잉인 응으따후이 끄히두판 깐또ㄹ (끄히둪안 브끄ㄹ자)

   di Korea.
   디 꼬레아

14. (동사)은/는 김에

※ Dipakai untuk menunjukkan
   - Selagi melakukan aktivitas A, kegiatan(peristiwa) B terjadi
   - Selagi melakukan aktivitas A, memberikan ide/gagasan ataupun permintaan untuk melakukan kegiatan B
   - Dalam terjermahan bahasa Indonesia seperti: mumpung, selagi, …

문법 Tata Bahasa

a. 가: 정말 오래만입니다. 잘 지내셨어요?
   (Jeongmal oraemannimnida. Jal jinaesyeosseoyo?)
   Wah sungguh sudah lama ya. Bagaimana kabarnya?
   와ㅎ 숭구ㅎ 수다ㅎ 라마 야. 바가이마나 가바ㄹ냐?

   나: 이렇게 만난 김에 어디 가서 이야기 좀 합시다.
   (Ireokke mannan kimme eodi gaseo iyagi jum hamsida.)
   Kebetulan kita bertemu ya, ayo mari kita pergi kemana
   끄브뚤란 끼따 브ㄹ떼무 야, 아요 마리 끼따 쁘ㄹ기 끄마나
   gitu untuk omong-omong sebentar.
   기뚜 운뚝 오몽- 오몽 스븐따ㄹ

b. 가: 피자를 왜 이렇게 많이 만드세요?
   (Phijareul wae ireokke manni mandeuseyo?)
   Kenapa banyak membuat pizza?
   끄나빠 반약 므무부앗 피자?

   나: 만드는 김에 많이 만들어서 학원반 친구들하고 같이 먹으려고요.
   (Mandeuneungimme manni mandeulleoseo hakgweonbanchin-gudeulhago gatchi meoheuryeogoyo.)
   Saya sengaja membuat banyak untuk dimakan bersama
   사야 승아자 음부앗 반약 운뚝 디마깐 브ㄹ사마
   teman-teman sekursus.
   뜨만- 뜨만 스꾸ㄹ수ㅅ

c. 가: 시내에 가는데 뭐 필요한 거 있어요?
   (Sinaee ganeunde mweo philyohan geo isseoyo?)
   Saya mau ke pusat kota. Mau titip apa?
   사야 마우 끄 뿌삿 꼬따. 마우 띠띱 아빠?

   나: 그럼 가는 김에 수건하고 치스 좀 사다 주세요.
   (Geureom ganeun gimme sugeonhago hiseu jum sada juseyo.)

Kalau begitu saya titip handuk dan keju/Kalau begitu
깔라우 브기뚜 사야 띠띺 한둑 단 께주/ 깔라우 브기뚜
tolong belikan handuk dan keju.
똘롱 블리깐 한둑 단 께주

15. (동사/형용사) 더니

※ Dipakai untuk menunjukan hasil atau akibat.

a. 내일 쉬는날인걸 알더니 얼굴 표정이 밝아졌어요.
(Naeil swineunalingeol aldeoni eolgul phyojeongi balkajyeoseoyo.)
Setelah mengetahui bahwa besok adalah hari libur ekpresi
스뜰라ㅎ 믕으따후이 바ㅎ와 베속 아달라ㅎ 하리 리부ㄹ 엑ㅅ쁘레시
wajanya langsung berubah.
와자ㅎ냐 랑숭 브루바ㅎ

b. 할류를 외국에 많이 홍보 했더니 제잔년부터 한국에 여행관광객들이 많아졌어요.
(Hallyu wegukke manni hongbo haedeoni jejangnyeonbutheo hangukke yeohaenggwangwanggaekdeulli mannajeyoseoyo.)
Karena seringnya promosi Korean Wave sejak tahun lalu
까르나 스링냐 쁘로모시 꼬레안 에이브 스작 따훈 랄루
banyak turis datang ke Korea.
반약 뚜리ㅅ 다땅 끄 꼬레아

c. 제 친구는 어렸을 때부터 공연을 많이 했더니 가수가 됐어요.
(Je chinguneun eoryeosseul ttaebutheo gongyeonneul manni haedeoni gasuga dwesseoyo.)
Teman saya sejak kecil suka melihat pertunjukan, tak heran
뜨만 사야 세작 끄찔 수까 믈리핫 쁘ㄹ뚠죽깐, 딱 헤란
sekarang menjadi penyanyi.
스까랑 믄자디 쁘냐니

문법 Tata Bahasa

d. 지난 주까지는 아주 춥더니 날씨가 많이 풀렸네요.
   (JInanjukkajineun aju chubdeoni nalssiga manni phullyeoneyo.)
   Sejak minggu lalu cuacanya sangat dingin, sekarang
   스작   밍구   랄루   쭈아짜냐   상앗   딩이느   스까랑
   cuacanya jauh menjadi baik.
   쭈아짜냐   자우ㅎ 믄자디   바익

16. (동사/형용사) – 지요

※ Dipakai untuk menyatakan pendapat yang di yakini

a. 가: 요즘 한국어를 배우는 사람이 많은 것 같아요.
   (Yojeum hangukgeoreul baeuneun sarammi manneun geot gathayo.)
   Akhir-akhir ini sepertinya banyak orang yang belajar
   아키ㄹ- 아키ㄹ 이니   스쁘ㄹ띠냐   반약   오랑   양   블라자ㄹ
   bahasa Korea.
   바하사   꼬레아

   나: 맞아요. 한국어가 인기지요.
   (Mahayo. Hangukgeoga ingijiyo.)
   Ya betul. Bahasa Korea popularkan.
   야   브뚤.   바하사   꼬레아   뽀뿌라ㄹ깐

b. 가: 우리 과장님이 사장님이랑 제일 치내요.
   (Uri gwajangnimmi sajangnimirang jeil chineyo.)
   Manajer kita dekat sekali dengan bos besar.
   마나제ㄹ   끼따   드갓   스깔리   등안   보ㅅ   베사ㄹ

   나: 과장님이 우리 회사에서 일한지 오래되지요.
   (Gwajangnimmi uri hwesaeseo ilhanji oraedwejiyo.)
   Manajer sudah lama bekerja di perusahaan kita.
   마나제ㄹ   수다ㅎ   라마   브끄ㄹ자   디   쁘루사하안   끼따

c. 가: 비가 온날에 파전을 먹으면 뭐 마셔야돼요?
(Biga onnalle phajeonneul meogeumyeon mweo masyeoya-dweyo?)

Di hari hujan kalau makan Pajeon sebaiknya minum apa ya?
디 하리 후잔 깔라우 마깐 파전 스바익냐 미눔 아빠 야?

나: 파전 먹으면 막걸리랑 마셔야지요.
(Phajeon meogeumyeon makkeollirang masyeoyajiyo.)

Kalau makan Pajeon, harus minum makkoli.
깔라우 마깐 파전, 하루ㅅ 미눔 막걸리

17. (동사/형용사)-군요 / (동사/형용사)-네요

※ Dipakai untuk menunjukan respon terhadap pemberitahuan dari pihak lain. Bisa berupa pemahaman terhadap hal yang terjadi, juga dipakai untuk mengespresikan keterkejutan.

a. 그런 사이트가 있군요.
(Geureon saitheu ikkunyo.)

Oh itu situs seperti itu.
오ㅎ 이뚜 시뚜ㅅ 스쁘ㄹ띠 이뚜

b. 글을 보니까 실력이 보통 아니군요.
(Geulleul bonikka sillyeokki bothong anigunyo.)

Dilihat dari tulisan itu kemampuannya bukan kemampuan biasa.
디리핫 다리 뚤리산 이뚜 끄맘뿌안냐 부깐 끄맘뿌안 비아사

c. 유미: 지난 주에 여기는 비가 많이 왔어요.
(Jinan jue yeogineun biga manni wasseoyo.)

문법 Tata Bahasa

Minggu kemarin disini turun hujan deras.
밍구   끄마린   디시니   뚜룬   후잔   드라ㅅ

대성: 아 그랬군요.
(A gaeraegunyo.)

Oh begitu.
오ㅎ 브기뚜

d. 젊어 보인다고 하시니 기분이 아주 좋군요.
(Jeolmeo boindago hasini gibunni aju chokkunyo.)

Senangnya dibilang kelihatan muda.
스낭냐   디빌랑   끌리하딴   무다

e. A: 영화랑 마이클이랑 어제 데이트했데요!!!
(Yeonghwarang maikheuirang eoje deotheuhaetheyo!!!!)

Kemarin Yeong Hwa dan Michael kencan!!!
그마린   영   화   단   미카엘   끈짠!!!

B: 그러네요.
(Geureoneyo.)

Oh begitu.
오ㅎ 브기뚜

f. A: 박정원이 언제 올거야?!
(Pakjeongwonni eonje olgeoya?!)

Kapan Park Jeong Won akan datang?!
까빤   박   정   원   아깐   다땅?!

B: 저기 있군요.
(Jeogi igunyo.)

Oh di sana.
오ㅎ 디 사나

g. 별로 덥지 않네요.
   (Byeollo deobji anneyo.)

   Tidak begitu panas.
   띠닥   브기뚜   빠나ㅅ

h. 아무도 안 왔네요.
   (Amudo an waneyo.)

   Tidak ada yang datang.
   띠닥   아다   양   다땅

18. (동사/형용사)은/는 셈이다

※ Artinya termasuk. Dipakai untuk menunjukkan sesuatu sudah bisa dianggap cukup.

a. 가: 열심히 노력하고 있지만 한국 사람처럼 말하려면 아직 멀었어요.
   (Yeolsimhi noryeokhago ijiman hanguk saramcheoreom malharyeomyeon ajik meolleosseoyo.)

   Saya sudah mencoba sebaik mungkin tetapi masih jauh
   사야 수다ㅎ 믄쪼바   스바익   뭉낀   뜨따삐 마시ㅎ 자우ㅎ
   untuk dapat berbicara seperti orang Korea.
   운뚝   다빳   브르비짜라   스쁘르띠 오랑   꼬레아

   나: 멀었다니요? 그 정도면 한국 사람인 셈입니다.
   (Meolleotaniyo? Gae jeongdomyeon hanguk saramin semimnida.)

   Masih jauh? Sudah seperti orang Korea kok.
   마시ㅎ 자우ㅎ? 수다ㅎ 스쁘르띠 오랑   꼬레아 꼭

b. 가: 호주에 열 번이나 여행 갔는데 이번에도 호주에 갈거에요?
   (Hojue yeol beonnina yeohaeng ganeunde ibeonnedo hojue galgeoeyo?)

문법 Tata Bahasa

Anda sudah ke Australia 10 kali, kali ini juga ke
안다   수다ㅎ   끄   아우ㅅ뜨랄리아 스뿔루ㅎ(10) 깔리, 깔리 이니 주가 끄
Australia?
아우ㅅ뜨랄리아?

나: 아니요, 열 번이면 호주에 대해 다 아는셈이에요.
  (Aniyo, yeol beonnimyeon hojuedaehae da aneunsemieyo.)
  Nga lah, kalau sudah 10 kali sudah bisa dibilang
  응가 라ㅎ,   깔라우   수다ㅎ   스뿔루ㅎ(10) 깔리 수다ㅎ 비사 디빌랑
  mengenal Australia.
  믕으날   아우ㅅ뜨랄리아

c. 가: 한 잔 더 드세요?
  (Han jan deodeuseyo?)
  Mau minum segelas lagi?
  마우   미눔   스글라ㅅ 라기?

나: 아닙니다, 벌써 많이 마신 셈입니다.
  (Animnida, beolseo manni masin semimnida.)
  Tidak, saya sudah minum banyak.
  띠닥,   사야   수다ㅎ   미눔   반약

19. 얼마나 (형용사)ㄴ/은지 모르다/알다 얼마나 (동사)는지 모르다/알다

※ Untuk menekankan hal yang benar-benar terjadi

a. 가: 저는 클럽을 얼마나 좋아하는지 알아요? 전 매주 금토일 갈 수도 있어요.
  (Jeoneun kheulleobbeul eolmana joahaneunji allayo? Jeon meju geumthoil gal sudo isseoyo.)

Anda tahu seberapa besar saya suka club? Saya bisa pergi
안다 따후 스브라빠   브사르 사야 수까 끌럽? 사야 비사 쁘르기
ke club setiap Jumat Sabtu.
끄 끌럽 스띠앞 줌앗 삽뚜

나: 와, 그렇게 클럽을 좋아하는지 몰랐어요.
(Wa, geureokke kheulleobbeul joahaneunji mollasseoyo.)
Wah saya tidak tahu kalau anda benar-benar suka club.
와ㅎ 사야 띠닥 따후 깔라우 안다 브나르 브나르 수까 끌럽

b. 가: 이 식당은 어때요? 손님이 많아요?
(I sikdangeun eotaeyo? Sonnimmi mannayo?)
Bagaimana restoran ini? Apakah banyak pengunjungnya?
바가이마나 레ㅅ또란 이니? 아빠까ㅎ 반약 쁭운중냐?

나: 손님이 많아서 얼마나 오래 기다렸는지 몰라요.
(Sonnimmi mannaseo eolmana orae gidaryeoneunji mollayo.)
Karena terlalu banyak pengunjung jadi lama menunggu.
까르나 뜨ㄹ랄루 반약 쁭운중 자디 라마 므눙구

c. 가: 요즘 어떻게 지내세요?
(Yojeum eoteokke jinaeseyo?)
Bagaimana kabar Anda akhir-akhir ini?
바가이마나 까바ㄹ 안다 아키ㄹ- 아키ㄹ 이니?

나: 할 일이 많아서 얼마나 바쁜지 몰라요.
(Hal illi mannaseo eolmana bapeunji mollayo.)
Sangat sibuk karena terlalu banyaknya pekerjaan.
상앗 시북 까르나 뜨ㄹ랄루 반약냐 쁘끄ㄹ자안

20. (동사/형용사) (은.는) 것이다

※ Dipakai dengan kata kerja dan kata sifat untuk masa depan

문법 Tata Bahasa

dengan ketentuan tidak lama dari sekarang dan pasti.

a. 열심히 일하니까 꼭 승진 할 것이다.
   (Yeolsimmi ilhanikka kkok seungjin halgeosida.)
   Karena rajin bekerja anda pasti akan naik pangkat.
   까르나   라진   브끄ㄹ자   안다   빠ㅅ띠   아깐   나익   빵깟

b. 영국에 도착하자마자 연락 할 것이다.
   (Yeonggukke dochakhajamaja yeonlak halgeosida.)
   Setiba di Inggris, saya akan meneleponmu.
   스띠바   디   잉그리ㅅ,   사야   아깐   므늘레뽄무

c. 매일마다 운동하고 다이어트 열심히하니까 살이 꼭 뺄 것이다.
   (Maeilmada undonghago daieothe yeolsimhihanikka salli kkok peolgeosida.)
   Setiap hari berolahraga dan rajin diet, pasti berat badan anda
   스띠앞   하리   브ㄹ올라ㅎ라가   단   라진   디엣,   빠ㅅ띠   브랏   바단   안다
   akan turun.
   아깐   뚜룬

d. 리아씨가 인기가 많으니까 이파티에 친구들이 다 올 것이다.
   (Riassiga ingiga maneunikka I phathie chingudeulli da olgesida.)
   Karena Lia popular, pasti banyak teman-teman akan datang
   까르나   리아   뽀뿔라ㄹ,   빠ㅅ띠   반약   뜨만-   뜨만   아깐   다땅
   di pesta ini.
   디 뻬ㅅ따 이니

21. 동사 - 아/어/여 버리다

※ Dipakai untuk menunjukan suatu perbuatan yang dilakukan sekaligus atau mengekspresikan menuntaskan sesuatu

a. 양희재씨가 소주 한병을 마셔 버리다.
   (Yanghwuijaessiga soju hanbyeongeul masyeo beorida.)

   Yang Hee Jae <telah>minum soju satu botol !!!
   양   희   재   〈뜰라ㅎ〉 미눔   소주 사뚜 보뚤!!!

b. "다 해 버린다"
   ("Da hae beorinda")

   "Anda tolong kerjakan semuanya"
   "안다   똘롱   끄ㄹ자깐   스무아냐"

c. 김정훈씨가 가 버린다.
   (KimJeonghunssiga ga beorinda.)

   Kim Jeong Hun sudah pergi.
   김   정   훈   수다ㅎ   쁘ㄹ기

d. 이 케이크을 먹어 버린다.
   (I kheikheueul meoggeo beorinda.)

   Ayo makan kue ini sampai habis.
   아요 마깐   꾸에 이니 삼빠이   하비ㅅ

22. 동사-자마자

※ Dipakai ketika suatu tindakan selesai disertai dengan tindakan selanjutnya/berikutnya

a. 여자친구랑 만나자마자 뽀뽀했졌어요.
   (Yeojachingurang mannajamaja popohaejyeosseoyo.)

   Setelah bertemu dengan pacar saya, saya langsung
   스뜰라ㅎ 브ㄹ뜨무   등안   빠짜ㄹ 사야,   사야 랑숭

   menciumnya.
   믄찌움냐.

문법 Tata Bahasa

b. 고향에 도착하자마자 좋아하는 음식을 먹었어요.
(Gohyange dochakhajamaja joahaneun eumsikeul meogeosseoyo.)
Setiba di kampong halaman langsung makan makanan
스띠바   디 깜뽕   할라만   랑숭   마깐   마까난
kesukaan.
끄수까안

c. 월급을 받자마자 화장품가게에 갔어 여러까지 제품을 샀었어요.
(Wolgeubeul batjamaja hwajangphumgagee gasseo yeoreokkaji jephumeul sasseosseoyo.)
Setelah menerima gaji langsung ke toko kosmetik dan
스뜰라ㅎ 므느리마   가지 랑숭   끄 또꼬 꼬ㅅ메떽   단
membeli banyak barang.
믐블리   반약   바랑

d. 면접하자마자 취직했어요.
(Myeobjeobhajamaja cwejikhaesseoyo.)
Setelah diwawancarai langsung diterima bekerja.
스뜰라ㅎ   디와완짜라이   랑숭   디뜨리마   브끄ㄹ자

23. (동사/형용사)-니까/ (이)니까

※ Dipakai untuk menyatakan sebab/ alasan

a. 예쁘니까 많이 남자들이 좋아해요.
(Yepeunikka manni namjadeulli joahaeyo.)
Karena cantik banyak cowok suka.
까르나   짠떽   반약   쪼웍   수까

b. 사니까 많은 고객님들이 마음에 들어요.
(Sanikka manneun gogaeknimdeulli maeumme deulleoyo.)

Karena murah banyak konsumen yang puas.
까르나   무라ㅎ   반약   꼰주멘   양   뿌아ㅅ

c. 특별한 행사 이니까 많은 사람들이 와요.
(Theukbyeolhan haengsa inikka manneun saramdeilli wayo.)
Ini merupakan even yang special karena itu banyak orang
이니 므루빠깐   이벤   양   스뻬시알   까르나   이뚜   반약   오랑
datang.
다땅

d. 좋아하니까 연락을 계속 와요.
(Joahanikka yeollakkeul gyesok wayo.)
Karena suka maka terus dihubungi.
까느라   수까   마까   떼루ㅅ   이후붕이

24. (동사/형용사) (으) 나 마나

※ Dipakai untuk menunjukkan hal yang dilakukan setengah-setengah atau untuk menunjukkan kondisi/keadaan yang tidak pasti.

a. 가: 사무실에 복사기가 있나요?
(Samusille boksagiga inayo?)
Di kantormu apakah ada mesin fotokopi?
디   깐또ㄹ무   아빠까ㅎ   아다   메신   포또꼬삐?

나: 하나 있지만 고장이 자주 나서 있으나 마나예요.
(Hana ijiman gojangi jaju naseo isseuna manayeyo.)
Ada satu tetapi karena sering rusak jadi sepertinya kita
아다   사뚜   뜨따삐   까르나   루삭   자디   스쁘ㄹ띠냐   끼따
tidak punya mesin fotokopi.
띠닥   뿐야   메신   포또꼬삐

문법 Tata Bahasa

b. 가: 공부하다가 계속 다른 생각해요.
   (Gongbuhadaga gyesok dareun saenggakkaeyo.)
   Selama belajar terus memikirkan hal lain.
   슬라마   블라자ㄹ   뜨루ㅅ   ㅁ미까ㄹ깐   할   라인

   나: 그렇게 공부하면 공부하나마나네요.
   (Geureokke gongbuhamyeon gongbuhanamananeyo.)
   Kalau belajar seperti itu, sepertinya tidak ada gunanya belajar.
   깔라우   블라자ㄹ   스쁘ㄹ띠   이뚜,   스쁘ㄹ띠냐   띠닥   아다   구냐   블라자ㄹ

c. 가: 부모님한테 부탁했어요?
   (Bumonimhanthe buthakhaesseoyo?)
   Sudah minta tolong pada orang tua?
   수다ㅎ   민따   똘롱   빠다   오랑   뚜아?

   나: 부모님이 요새 힘드니까 부탁하나마나이에요.
   (Bumonimmi yosae himdeunikka buthakhanamanaieyo.)
   Akhir-akhir ini orang tua saya sedang kesusahan karena itu saya sungkan meminta tolong.
   아키ㄹ-   아키ㄹ   이니   오랑   뚜아   사야   스당   끄수사한   까르나   이뚜   사야   숭깐   ㅁ민따   똘롱

25. (동사)느니 차라리

※ Artinya –daripada– lebih baik.
※ Dipakai untuk mengungkapkan pendapat/opini

먹다 (meoktta)	Makan 마깐	먹느니 차라리 (meonneuni charari)
하다 (hada)	Melakukan 믈라꾸깐	하느니 차라리 (haneunni charari)
듣다 (deutta)	Mendengar 믄등아ㄹ	듣느니 차라리 (deuneuni charari)
자다 (jada)	Tidur 띠두ㄹ	자느니 차라리 (janeuni charari)
줍다 (jubta)	Dingin 딩인	줍느니 차라리 (jubneuni charari)
덥다 (deobta)	Panas 빠나ㅅ	덥드니 차라리 (deobdeuni charari)
있다 (itta)	Ada 아다	있느니 차라리 (ineuni charari)
없다 (eobtta)	Tidak ada 띠닥 아다	없느니 차라리 (eobneuni charari)

a. 가: 요즘 고민 때문에 자주 울어요.
   (Yojeum gomin ttaemune jaju ulleoyo.)
   Akhir-akhir ini karena galau jadi stres.
   아키ㄹ- 아키ㄹ 이니 까르나 갈라우 자디 스뜨레ㅅ

나: 혼자 고민하느니 차라리 친한 친구하고 같이 이야기해 보세요.
   (Honja gominhaneuni charari chinan chinguhago gatchi iyagihae boseyo.)
   Jangan galau sendiri, lebih baik coba diceritakan ke
   장안   갈라우 슨디리,   르비ㅎ 바익 쪼바 디쯔리따깐   끄
   teman-teman dekat.
   뜨만- 뜨만   데깟

문법 Tata Bahasa

b. 가: 한국어 배우기가 힘들면 'ABC' 학원 다니세요.
(Hangukgeo baeugiga himdeulmyeon 'ABC' hakgweon daniseyo.)
Kalau sulit belajar bahasa Korea, belajarlah di tempat
깔라우 술릿 블라자ㄹ, 바하사 꼬레아, 블라자ㄹ라ㅎ 디 뜸빳
kursus ABC.
꾸ㄹ수ㅅ 아베쩨

나: 'ABC' 학원 다니느니 차라리 책으로 배우는게 더 나요.
('ABD' hakgweon daneuni charari chaekkeuro baeuneunge deo nayo.)
Daripada belajar di tempat kursus 'ABC' lebih baik
다리빠다 블라자ㄹ 디 뜸빳 꾸ㄹ수ㅅ '아베쩨' 르비ㅎ 바익
belajar melalui buku.
블라자ㄹ 믈랄루이 부꾸

c. 가: 힘들다 ⋯ 힘들다
(Himdeulda ⋯ himdeulda.)
Capai ⋯ capai
짜빠이 ⋯ 짜빠이

나: 계속 커피를 마시느니 차라리 푹 쉬세요.
(Gyesok kheophireul masineuni charari phuk swiseyo.)
Daripada minum kopi terus lebih baik anda beristirahat.
다리빠다 미눔 꼬삐 뜨루ㅅ 르비ㅎ 바익 안다 브ㄹ이ㅅ띠라핫

26. 어차피 (동사/형용사) 니/으니까

※ Artinya lagipula
※ Dipakai untuk menunjukkan pendapat untuk melakukan aktivitas lain karena aktivitas/ keadaan pertama sudah tidak berfungsi lagi.

a. 돈을 쓸 일이 없으니까 돈을 모으세요.
(Donneul sseul illi eobnikka donneul moeuseyo.)

   Lagipula tidak ada rencana untuk menggunakan uang,
   라기뿔라   띠닥 아다 룬짜나   믕구나껀   우앙,

   tabunglah uangmu.
   따붕라ㅎ   우앙무

b. 어차피 약속이 취소됐으니까 영화를 같이 봐요.
(Eochaphi yaksokki cwisodwenikka yeonghwareul gatchi bwayo.)

   Lagipula janji sudah batal, ayo nonton bioskop.
   라기뿔라   잔지 수다ㅎ 바딸, 아요 논똔   비오ㅅ꼽

c. 내 년에 학교비를 내야 하니까 지금 그만두면 안돼요.
(Naenyeonne hakkyobireul naeyahanikka jigeum geumandumyeon andweayo.)

   Tahun depan kan harus bayar uang sekolah, kalau sekarang
   따훈   드빤   깐   하루ㅅ 바야ㄹ 우앙   스꼴라ㅎ,   깔라우 스까랑

   mau berhenti tidak boleh donk.
   마우 브ㄹ흔띠   띠닥   볼레ㅎ   동

d. 어차피 잠이 안오니까 저의 강아지들이랑 산책 할까요.
(Eochaphi jammi anonikka jeoeui gangajideullirang sanchaek halkkayo?)

   Lagipula tidak mengantuk, bagaimana kalau kita jalan-jalan
   라기뿔라 띠닥 믕안뚝,   바가이마나   깔라우 끼따 잘란- 잘란

   bersama anjing-anjingku.
   브ㄹ사마   안징- 안징꾸

e. 어차피 늦었으니까 그냥 지하철로 가요.
(Eochaphi neujeosseunikka geunyang jihacheollo gayo.)

   Lagipula sudah telat, ayo kita naik kereta bawah tanah saja.
   라기뿔라   수다ㅎ 뜰랏, 아요 끼따 나익 끄레따   바와ㅎ   따나ㅎ   사자

문법 Tata Bahasa

27. ~밖에 → 명사 + 밖에

 ※ →kata benda dengan 밖에 hanya.
 ※ Dipakai untuk menunjukkan perkecualian
 ※ 동사(으)ㄹ 수밖에 Dipakai untuk menginformasikan tindakan yang terpaksa harus dilakukan karena keadaan.

 a. 우리 강아지는 고기 밖에 안 먹어요.
    (Uri gangajineun gogi bakean meogeoyo.)
    Anjing saya hanya makan daging.
    안징   사야   한야   마깐   다깅

 b. 주유가 너무 비싸서 차를 팔 수밖에 없어요.
    (Juyuga neomu bissaseo chareul phal subakke eobseoyo.)
    Karena bensin terlalu mahal maka mobil terpaksa harus
    까르나 벤신   뜨ㄹ랄루 마할 마까 모빌 뜨ㄹ빡사 하루ㅅ
    dijual.
    디주알

 c. 다른 언어를 배우고 싶으면 매일 공부할 수밖에 없습니다.
    (Dareun eonneoreul baeugo sipheumyeon maeil gongbuhal subakke eobseumnida.)
    Kalau ingin belajar bahasa maka tidak ada cara lain selain
    깔라우 잉인 블라자ㄹ 바하사 마까 띠닥 아다 짜라 라인 ???
    setiap hari harus belajar.
    스띠앞 하리 하루ㅅ 블라자ㄹ

 d. 왜 축구 밖에 안 해요?
    (Wae chukkabakean haeyo?)
    Kenapa hanya bermain sepak bola?
    끄나빠   한야   브ㄹ마인   세빡   볼라?

28. ~뿐만 아니라

※ Artinya bukan hanya itu saja, selain itu.

a. 잡지를 읽을 뿐만 아니라 소설도 좋아한다.
 (Jabjireul ilgeul punman anira soseoldo joahanda.)

 Bukan hanya membaca majalah, tetapi juga suka membaca novel.
 부깐 한야 음바짜 마잘라ㅎ, 뜨따삐 주가 수까 음바짜 노벨

b. 제주도뿐만 아니라 하와이도 가봤다.
 (Jejudopunman anira hawaido gabwada.)

 Selain pulau Jeju, juga pernah mengunjungi Hawai.
 슬라인 뿔라우 제주, 주가 쁘르나ㅎ 믕운중이 하와이

c. 어젯밤에 맥주 3병뿐만 아니라 소주 1병도 마셨어요.
 (Eocebamme maekju sebyeongpunman anira soju hanbyeongdo masyeoseoyo.)

 Kemarin malam bukan hanya minum 3 botol bir tetapi juga sebotol soju.
 끄마린 말람 부깐 한야 미눔 띠가(3) 보똘 비ㄹ 뜨따삐 주가 스보똘 소주

d. 회사 생활은 너무 힘들어요. 요세 야근뿐만 아니라 토요일에도 일해야 돼요.
 (Hwesa saenghwalleun neomu himdeulleoyo. Yose yageunpunman anira thoyoiledo ilhaeyadwaeyo.)

 Kehidupan dikantor sangat melelahkan. Akhir-akhir ini bukan saja saya harus lembur tetapi hari Sabtu juga harus masuk.
 끄히두판 디깐또ㄹ 상앗 믈를라ㅎ깐. 아키ㄹ- 아키ㄹ 이니 부깐 사자 사야 하루ㅅ 름부ㄹ 뜨따삐 하리 삽뚜 주가 하루ㅅ 마숙

문법 Tata Bahasa

29. (명사)치고

※ Artinya diantara … lainnya
※ Dipakai untuk menunjukkan pengecualian suatu keadaan/ subjek yang berbeda dari subjek-subjek/ keadaan yang lain.

a. 한국 사람치고 명순씨는 정말 국제적인 사람이에요.
(Hanguk saramchigo myeongsunssineun jeongmal gukjejeokkin saram ieyo.)
Diantara orang-orang Korea yang lain, Myeong Sun benar-
디안따라   오랑- 오랑   꼬레아   양   라인,   명   순   브나ㄹ-
benar orang yang 'go-international'.
브나ㄹ 오랑   양   '고- 인뜨ㄹ나시오날'

b. 인도네시아 사람치고 울란씨가 너무 부치런합니다.
(Indonesia saramchigo ullanssiga neomu buchireonhamnida.)
Diantara orang-orang Indonesia lainnya, Wulan tergolong
디안따라   오랑- 오랑   인도네시아   라인냐,   울란   뜨ㄹ골롱
sangat rajin.
상앗   라진

c. 가: 여기는 도시에 있는 공원이 아닌 것 같아요.
(Yeogineun dosie ineun gongwonni anin geot gathayo.)
Disini sepertinya bukan taman yang terletak di kota.
디시니   스쁘ㄹ띠냐   부깐   따만   양   뜨ㄹ르딱   디 꼬따

나: 도심에 있는 공원치고 시설이 괜찮아요.
(Dosimme inein gongwonchigo siseolli kwaenchannayo.)
Diantara taman-taman yang berada di kota fasilitasnya
디안따라   따만- 따만   양   브라다   디 꼬따   파실리따스냐
termasuk cukup baik.
뜨ㄹ마숙   쭈꿉   바익

d. 가: 저녁 때 불닭을 먹으러 가려고 하는데 로라씨가 먹을 수 있나요?
(Jeonyeokttae bukdalkeul meogeureo garyeogo haneunde rorassiga meogeul su inayo?)

Tahun lalu kita hendak makan 'Buktalk' (ayam pedas),
따훈 랄루 끼따 흔닥 마깐 '불닭' (아얌 뻬다ㅅ),

tetapi apakah Laura bisa makan?
뜨따삐 아빠까ㅎ 라우라 비사 마깐?

나: 로라씨는 미국인치고 매운 음식을 잘 먹어요.
(Rorassineun migukinchigo maeun eumsikkeul jal meogeoyo.)

Diantara orang Amerika lainnya, Laura suka masakan
디안따라 오랑 아메기까 라인냐, 라우라 수까 마사깐

yang pedas.
양 쁘다ㅅ

30. (동사)는 법이다/ (형용사) (으)ㄴ 법이다

※ Dipakai untuk menunjukkan kenyataan yang pasti

먹다 (meoktta)	Makan 마깐	먹는 법이다 (meongneun beobida)
가다 (gada)	Pergi 쁘르기	가는 법이다 (ganeun beobida)
열다 (yeolda)	Buka 부까	여는 법이다 (Yeoneun beobida)
있다 (itta)	Ada 아다	있는 법이다 (ineun beobida)
없다 (eobtta)	Tidak ada 띠닥 아다	없는 법이다 (eobneun beobida)
입사하다 (ibsahada)	Mulai kerja 물라이 끄르자	입사하는 법이다 (ibsahaneun beobida)

문법 Tata Bahasa

싫다 (silda)	Benci 븐찌	싫은 법이다 (silheun beobida)
좋다 (johta)	Suka 수까	좋은 법이다 (joeun beomnida)
많다 (manta)	Banyak 반약	많은 법이다 (manneun beomnida)
빨갛다 (palgatha)	Merah 메라ㅎ	빨간 법이다 (palgan beomnida)
덥다 (deobtta)	Panas 빠나ㅅ	더운 법이다 (deoun beomnida)
가깝다 (gakkabtta)	Dekat 드깟	가까운 법니다 (gakkaun beomnida)
낫다 (natda)	Lebih Bagus/Lebih baik 르비ㅎ 바구ㅅ/르비ㅎ 바익	나은 법이다 (naeun bobbida)

a. 명절에는 사람들이 맛있는 것을 먹는 법이다.
   (Myeongjeolleneun saramdeulli masineun geoseul meongneun beobida.)
   Di hari raya Korea semua orang makan yang enak-enak.
   디 하리 라야 꼬레아 스무이 오랑 마깐 양 에낙- 에낙

b. 성공하는 사람들이 꾸준히 노력하는 법이다.
   (Seonggonghaneun saramdeulli kkuchunhi noryeokhaneun beobida.)
   Orang yang sukses adalah orang yang tidak pernah berhenti berusaha.
   오랑 양 숙세스 아달라ㅎ 오랑 양 띠닥 쁘르나ㅎ 브르흔띠
   브루사하

c. 성격이 좋으면 친구가 많은 법이에요.
   (Seonggyeokki joeumyeon chinguga manneun beobieyo.)

Orang yang pribadinya baik tentu saja punya banyak teman.
오랑   양   쁘리바디냐   바익   뜬뚜   사자   뿐야   반약   뜨만

d. 좋은 말도 여러 번 들으면 듣기 싫은 법이에요.
(Joeun maldo yeoreo beon deuleumyeon deuki sileun beobieyo.)

Kata-kata yang indah pun jika didengar berkali-kali akan
까따- 까따 양   인다ㅎ 뿐   지까 디등아ㄹ 브ㄹ깔리- 깔리 아깐

menjadi muak.
믄자디   무악

31. (동사)다시피

※ Artinya seperti yang-, berdasarkan yang-
※ Digunakan untuk memberikan pernyataan dibalik suatu pendapat/pemberitahuan.

알다 (alda)	Tahu 따후	알다시피 (aldasiphi)
듣다 (deutta)	Dengar 등아ㄹ	듣다시피 (deutasiphi)
보다 (boda)	Lihat 리핫	보다시피 (bodasiphi)
말하다 (malhada)	Bicara 비짜라	말하다시피 (malhadasiphi)
설명하다 (seolmyeonghada)	Menjelaskan 믄즐라ㅅ깐	설명하다시피 (seolmyeonghadasiphi)

문법 Tata Bahasa

a. 보시다시피 여기는 병원 있잖아요 그래서 맥주를 마시면 안됩니다.
   (Bosidasiphi yeogineun byeongwon ijannayo geuraeseo maekjureul masimyeon andwemnida.)

   Seperti yang terlihat disini adalah rumah sakit karena itu
   스쁘ㄹ띠   양   뜨ㄹ리핫   디시니   아달라ㅎ   루마ㅎ   사낏   까르나   이뚜
   tidak boleh minum bir.
   띠닥   볼레ㅎ   미눔   비ㄹ

b. 아시다시피 주말에는 바빠요.
   (Asidasiphi jumaleneun bapayo.)

   Seperti yang anda tahu kalau akhir pekan sibuk.
   스쁘ㄹ띠   양   안다   따후   깔라우   아키ㄹ   뻬깐   시북

c. 들으셨다시피 다음달에 행사가 있습니다.
   (Deulleusyeodasiphi daeumdalle haengsaga iseumnida.)

   Seperti yang anda dengar kalau bulan depan ada even.
   스쁘ㄹ띠   양   안다   등아ㄹ   깔라우   불란   데빤   아다   이벤

d. 말씀하시다시피 요즘 성수기라서 예약이 모두 끝났습니다.
   (Malsseumhasidasiphi yojeum seongsugiraseo yeyakki modu kkeunaseumnida.)

   Seperti yang saya jelaskan karena akhir-akhir ini adalah
   스쁘ㄹ띠   양   사야   즐라ㅅ깐   까르나   아키ㄹ-아키ㄹ   이니   아달라ㅎ
   musim turis maka semua reservasi sudah penuh.
   무심   뚜리ㅅ 마까   스무아   레세ㄹ바시   수다ㅎ   쁘누ㅎ

32. (형용사) (으) ㄴ 모양이다/ (동사) (으)ㄴ/는(으)ㄹ 모양이나

   ※ Artinya-sepertinya/-kelihatannya. Dipakai untuk menjelaskan suatu keadaan atau aktivitas.

		현재	과거
먹다 (meoktta)	Makan 마깐	먹는 모양이다 (meongneun moyangida)	먹은 모양이다 (meongeun moyangida)
가다 (gada)	Pergi 쁠기	가는 모양이다 (ganeun moyangida)	간 모양이다 (gan moyangida)
열다 (yeolda)	Membuka 음부까	여는 모양이다 (yeoneun moyangida)	연 모양이다 (yeon moyangida)
일하다 (ilhada)	Bekerja 브끄ㄹ자	일하는 모양이다 (ilhaneun moyangida)	일한 모양이다 (ilhan moyangida)
작다 (jaktha)	Kecil 끄찔	작은 모양이다 (jakeun moyangida)	작은 모양이다 (jakeun moyangida)
좋다 (johda)	Bagus 바구ㅅ	좋은 모양이다 (joeun moyangida)	좋은 모양이다 (joeun moyangida)
아니다 (anida)	Bukan 부깐	아닌 모양이다 (anin moyangida)	아닌 모양이다 (anin moyangida)

a. 가: 여보세요. 올리아씨 계세요?
   (Yeoboseyo.Olliassi gyeseyo?)
   Halo, apakah Olia ada ditempat?
   할로,   아빠까ㅎ   올리아 아다 디뜸빳?

   나: 올리아씨는 퇴근 하는 모양이다.
   (Olliassineun thwegeun haneun moyangida.)
   Kelihatannya Olia sudah pulang kerja.
   끌리하딴   올리아 수다ㅎ   뿔랑   끄ㄹ자

b. 가: 대단하다. 여기 저기 새 건물들이 많다!
   (Daedanhada.Yeogi jeogi sae geongmuldeulli manta!)

문법 Tata Bahasa

  Wa hebat. Dimana-mana banyak gedung-gedung baru!
  와ㅎ 헤밧. 디마나 마나 반약 그둥- 그둥 바루!

나: 네, 인도네시아가 발전하는 모양이다.
  (Ne, indonesiaga baljeonhaneun moyangida.)
  Wah, sepertinya Indonesia maju ya.
  와ㅎ, 스쁘ㄹ띠냐 인도네시아 마주 야

c. 가: 학생들이 인도네시아어로 발표는 잘 하시네요.
  (Haksaengdeulli indonesiaeoro balphyoneun jal hasinaeyo.)
  Murid-murid pintar berpidato dengan bahasa Indonesia ya.
  무릿- 무릿 삔따ㄹ 베ㄹ삐다또 등안 바하사 인도네시아 야

나: 박 선생님께서 인도네시아어를 잘 가르치시는 모양이네요.
  (Pak seonsaengnimkkeseo indonesiaeoreul jal gareuchisineun moyangineyo.)
  Sepertinya Ibu Guru Park sudah mengajar bahasa
  스쁘ㄹ띠냐 이부 구루 박 수다ㅎ 등아자ㄹ 바하사
  Indonesia dengan baik.
  인도네시아 등안 바익

33. (동사) (으) ㄹ 게 뻔하다

※ Artinya –pasti. Dipakai untuk menunjukan situasi yang pasti akan terjadi.

a. 가: 몰리씨가 오늘도 늦네요?
  (Mollissiga oneuldo neuneyo?)
  Moli hari ini terlambat ya?
  몰리 하리 이니 뜨ㄹ람밧 야?

나: 술집에서 알바 했을 게 뻔해요.
  (Suljibeseo alba haeseul ge peonhaeyo.)

Pasti ia kemarin bekerja sampingan di bar.
빠스띠 이아 께마린   브끄ㄹ자   삼삥안   디 바ㄹ

b. 가: 우리 이번 휴가에 태국에 가자! 어머니한테 여쭤봐요!
(Uri ibeon hyugae thaegukke gaja!eomeonihanthe yeojweobwayo!)

Liburan kali ini ayo pergi ke Thailan! Saya akan meminta
리부란   깔리 이니 아요 쁘ㄹ기 끄 타일란!   사야   아깐   므민따
izin pada ibu!
이진 빠다 이부!

나: 사실대로 얘기하면 호나 또 받을 게 뻔해요.
(Sasildaero yeagihamyeon hona tto badeul ge peonhaeyo.)

Sebenarnya kalau minta izin pasti saya akan dimarahi.
스브나ㄹ냐   깔라우   민따   이진   빠스띠 사야   아깐   디마라히

c. 강아지를 잃어버리면 나는 울 게 뻔해요.
(Gangajireul ilheobeorimyeon naneun ul ge peonhaeyo.)

Kalau saya kehilangan anjing saya, pasti saya akan sangat
깔라우   사야   끄힐랑안   안징   사야,   빠스띠 사야   아깐   상앗
sedih.
스디ㅎ

d. 교수님이랑 만나기로 했지만 약속을 지킬 게 뻔해요.
(Gyosunimirang mannagiro haejiman yaksokkeul jikhil ge peonhae
yo.)

Karena saya akan bertemu dengan Ibu/Bapak dosen saya
까르나   사야   아깐   브ㄹ뜨무   등안   이부/ 바빡   도센   사야
akan menepati janji.
아깐   므느빠띠   잔지

문법 Tata Bahasa

34. (동사) (으) ㄹ 래야 (동사) (으) ㄹ 수 없다

※ Artinya seharusnya tetapi tidak bisa
※ Dipakai ketika melakukan suatu tindakan tetapi tidak mencapai tujuan
※ Dipakai ketika seharusnya tidak melakukan sesuatu tindakan tetapi kondisinya tidak memungkinkan.

a. 클럽에서 친구를 찾을래야 찾을 수 없어요.
 (Kheulleobeseo chingureul chajeullaeya chajeul su eobseoyo.)
 Saya harus mencari teman saya di club tetapi tidak ketemu.
 사야 하루ㅅ 믄짜리 뜨만 사야 디 클럽 뜨따삐 띠닥 끄뜨무

b. 친구가 저한테 부탁했는데 요즘 일이 많아서 다른 사람을 도울래야 도울 수 없어요.
 (Chinguga jeohanthe buthakhaeneunde yojeum illi mannaseo dareun sarameul doullaeya doul su eobseoyo.)
 Temanku meminta pertolonganku, akhir-akhir ini karena
 뜨만꾸 므민따 쁘ㄹ똘롱안꾸, 아키ㄹ- 아키ㄹ 이니 까레나
 pekerjaan terlalu banyak saya seharusnya menolong tetapi
 쁘끄ㄹ자안 뜨ㄹ랄루 반약 사야 세하루ㅅ냐 므놀롱 뜨따삐
 tidak bisa.
 띠닥 비사

c. 날씨가 좋지만 시험 기간 이라서 놀러 갈래야 놀러 갈 수 없어요.
 (Nalssiga johjiman soheom gigan iraseo nolleo gallaeya nolleo gal su eobseoyo.)
 Cuacanya bagus tetapi sayang karena musim tes seharusnya
 쭈아짜냐 바구ㅅ 뜨따삐 사양 까레나 무심 떼ㅅ 스하루ㅅ냐
 bersenang-senang tetapi tidak bisa.
 브ㄹ스낭- 스낭 뜨따삐 띠닥 비사

d. 가: 아디씨가 왜 니나씨를 그렇게 좋아해요?
　　(Adissiga wae ninassireul geureoke joahaeyo?)
　　Adi kenapa begitu suka kepada Nina?
　　아디　끄나빠　브기뚜　수까　끄빠다　니나?

　나: 니나씨는 모델 이라서 안 좋아할래야 안 좋아할 수가 없어요.
　　(Ninassineun model iraseo an joahallaeya an joahalsuga eobseoyo.)
　　Karena Nina model jadi tidak bisa tidak menyukainya.
　　까르나　니나　모델　자디　띠닥　비사　띠닥　믄유까이냐

35. 미처 (동사) 지 못하다/모르다

※ Artinya 'itupun saya tidak tahu'
※ Dipakai untuk menunjukkan ketidaktahuan pada hal yang seharusnya sudah diketahui/dikenal.
※ Dipakai untuk menunjukkan ketidaktauan pada hal yang mendasar.

a. 가: 이번 주말 모임이 최소되었다면서요? 토니가 이야기하던데요.
　　(Ibeon jumal moimmi chisodweeodamyeonseoyo? Thoniga iyagihadeondeyo.)
　　Akhir pekan ini janjiannya dibatalkan bukan? Saya
　　아키르　쁘깐　이니　잔지안냐　디바딸깐,　부깐?　사야
　　diberitahu Toni.
　　디브리따후　또니

　나: 아. 어떻게. 미안해요. 영주 씨한테 미처 듣지 못했어요.
　　(A. Eotheoke. Mianhaeyo. Yeongjussihanthe micheo deuji mothaesseoyo.)
　　Oh bagaimana. Maaf. Saya pun tidak mendengar dari
　　오흐　바가이마나.　마앞.　사야　뿐　띠닥　믄등아르　다리

문법 Tata Bahasa

Yeong Ju.
영 주

b. 가: 과장님한테 이렇게 이메일 쓰면 안돼요?
   (Gwajangnimhanthe ireokkeimeil sseumyeon andweayo?)
   Email begini dikirimkan ke manajer?
   에마일 브기니 디끼림낀 끄 메네저ㄹ

   나: 그래요? 미처 알지 못했어요. 꼭 사과할겁니다.
   (Geuraeyo? Micheo alji mothaesseoyo. Kkok sagwahal-geomnida.)
   Oh begitu? Wah saya hal ini saja tidak tahu. Saya akan
   오ㅎ 브기뚜? 와ㅎ 사야 할 이니 사자 띠닥 따후. 사야 아깐
   meminta maaf langsung.
   므민따   마앞   랑숭

c. 팀장님이 너무 급하게 나가는 바람에 미처 인사하지 못했어요.
   (Thimjangnimmi neomu gaeubhage naganeun barame micheo insahaji motharsseoyo.)
   Bapak/Ibu kepala departemen karena terlalu terburu-buru
   바빡/ 이부 끄빨라   데빠ㄹ뜨멘   까르나   뜨ㄹ랄루 뜨ㄹ부루- 부루
   sampai tidak dapat memberi salam.
   삼빠이   띠닥   다빳   믐브리   살람

d. 미처 볶음밥을 어떻게 만들지도 못했어요.
   (Micheo nokkeumbabeul eotteoke mandeuljido mothaesseoyo.)
   Cara membuat nasi goreng saja saya tidak tahu.
   짜라 믐부앗   나시 고렝   사자 사야 띠닥 따후

e. 미처 여자친구의 생일을 기억 하지 못했는데 여자친구가 선물을 기다렸다.
   (Micheo yeojachingueui saengilleul gieok haji mothaeneunde yeojachinguga seongmulleul gidaryeotta.)

Saya sampai tidak ingat ulangtahun pacar saya padahal pacar
사야 삼빠이 띠닥 잉앗 울랑따훈 빠짜ㄹ 사야 빠다할 빠짜ㄹ
saya sudah menantikan hadiah.
사야 수다ㅎ 므난띠깐 하디앟

36. (형용사/동사) (으/는) ㄴ 데도 불고하고

※ Artinya meskipun, walaupun, dan bagaimanapun

a. 와인을 많이 마셨는데도 불구하고 하나도 안 취했어요.
  (Waineul manni masyeoneundedo bulguhago hanado an cwehaesseoyo.)
  Meskipun banyak minum anggur tetapi saya tidak mabuk
  므ㅅ끼뿐   반약   미눔   앙구ㄹ   뜨따삐 사야 띠닥 마북
  sama sekali.
  사마   스깔리

b. 사랑하는데도 불구하고 헤어져야 했어요.
  (Saranghaneundedo bulguhago heeojyeoya haesseoyo.)
  Saya sangat mencintai tetapi harus putus.
  사야   상앗   믄찐따이   뜨따삐 하루ㅅ 뿌뚜ㅅ

c. 싫어하는데도 불구하고 같이 일하니까 잘 지낼 수가 밖에 없어요.
  (Silleohaneundedo bulguhago gachi ilhanikka jal jinael suga bake eobseoyo.)
  Meskipun benci tetapi harus bisa menjaga relasi dengan baik
  므ㅅ끼뿐   븐찌   뜨따삐 하루ㅅ 비사 믄자가   렐라시 등안   바익
  karena kerja bersama.
  까르나   끄ㄹ자 브ㄹ사마

d. 집에 먼데도 불구하고 회사에서 항상 일찍 출근해요.
  (Jibe meondedo bulguhago hwesaeseo hangsang ilcik chulgeunhaeyo.)

문법 Tata Bahasa

Rumah saya sangat jauh tetapi saya selalu datang pagi ke kantor.
루마ㅎ 사야 상앗 자우ㅎ 뜨따삐 사야 슬랄루 다땅 빠기 끄 깐또ㄹ

e. 바쁘신데도 불구하고 와 주셔서 감사합니다.
(Bapeusindedo bulguhago wa jusyeoseo gansahamnida.)
Terimakasih telah datang meskipun sangat sibuk.
뜨리마까시ㅎ 뜰라ㅎ 다땅 므스끼뿐 상앗 시북

37. (시간명사) 만에

※ Dipakai menyatakan hubungannya dengan ukuran/angka

a. 대전에서 서울까지 KTX으로 1시간 만에 걸어요.
(Daejeoneseo seoulkkaji kettiekkseuro hansigan mane geolleoyo.)
Dari Daejeon ke Seoul dengan KTX memakan waktu satu jam.
다리 대전 끄 서울 등안 까떼엑스 므마깐 왁뚜 사뚜 잠

b. 11년 만에 다시 고향에 돌아왔습니다
(Sibilnyeon mane dasi gohyange dollawaseumnida.)
Setelah 11 tahun lamanya baru kembali ke kampong halaman.
스뜰라ㅎ 스벨라스(11)따훈 라마냐 바루 끔발리 끄 깜뽕 할라만

c. 가: 제 시간에 공항에 도착할 수 있을까요?
(Je sigane gohange dochakhal su isseulkkayo?)
Apakah bisa sampai langsung ke bandara?
아빠까ㅎ 비사 삼빠이 랑숭 끄 반다라?

나: 힘들걸. 20분 만에 어떻게 공항까지 도착하겠어?
(Himdeulgeol. Isibbun mane eotteokke gonghangkkaji dochakhagesseo?)

Wah sulit. Bagaimana bisa sampai ke bandara dalam
와ㅎ 술릿. 바가이마나 비사 삼빠이 끄 반다라 달람
waktu 20 menit?
왁뚜 두아뿔루ㅎ(20) 므닛?!

d. 가: 시험 끝났어?
(Siheom kkeutnasseo?)

Tesnya bagaimana?/ tesnya sudah selesai?
떼스냐 바가이마나? 떼스냐 수다ㅎ 슬르사이

나: 네, 문제가 쉬어서 30분 만에 다 했어요.
(Ne, munjega swieoseo samsibbun mane da haesseoyo.)

Karena pertanyaannya mudah selesai dalam waktu 30
까르나 쁘ㄹ딴야안냐 무다ㅎ 슬르사이 달람 왁뚜 띠가 뿔루ㅎ(30)
menit.
므닛

38. (형용사/동사) (으)ㄴ/는 데다가

※ Artinya 'selain itu, dan'
※ Dipakai untuk menunjukkan pernyataan dengan 2 alasan atau lebih

a. 가: 사람들은 발리를 왜 그렇게 좋아해요?
(Saramdeuleun ballireul wae geureokke joahaeyo?)

Kenapa orang-orang suka Bali?
끄나빠 오랑- 오랑 수까 발리?

문법 Tata Bahasa

나: 발리는 아름다운 데다가 음식이 매우 맛있어요.
(Ballineun areumdaun dedaga eumsikki maeun masisseoyo.)
Bali indah dan makanannya sangat enak.
발리 인다ㅎ 단 마까난냐 상앗 에낙

b. 제 남자 친구는 멋있는 데다가 재미있고 잘 이해해주는편까지 입니다.
(Je namja chinguneun meosineun dedaga jaemiitkho jal ihaehaejuneunphyeonkkaji imnida.)
Pacar saya selain keren, menarik dan juga sangat pengertian.
빠짜르 사야 슬라인 끄렌, 므나릭 단 주가 상앗 쁭으르띠안

c. 열이 낫는 데다가 목이 아픈 걸 보니 감기에 걸린 것 같아요.
(Yeolli naneun dedaga mokki apheun geol boni gangie geollin geot gathayo.)
Saya demam, kerongkongan saya sakit dan sepertinya saya terkena flu.
사야 드맘, 끄롱꽁안 사야 사낏 단 스쁘르띠냐 사야 뜨르끄나 플루

d. 가: 서울에서만 살다가 논산에 살아보니까 어때요?
(Seoulleseoman saldaga nonsane sallabonikka eotthaeyo?)
Selama ini anda kan tinggal di Seoul, bagaimana rasanya tinggal di Nonsan?
슬라마 이니 안다 깐 띵갈 디 서울, 바가이마나 라사냐 띵갈 디 논산?

나: 물가도 싼 데다가 사람들이 더 친절해서 참 좋아요.
(Mulgado ssan dedaga saramdeulli deo chinjeolhaeseo cham joayo.)
Harga barang-barang murah dan karena orang-orangnya lebih ramah jadi saya lumayan kerasan.
하르가 바랑- 바랑 무라ㅎ 단 까르나 오랑- 오랑냐 르비ㅎ 라마ㅎ 자디 사야 루마얀 끄라산

39. (동사/형용사) 길래

※ Artinya karena, sebab.Dipakai untuk menunjukkan suatu kejadian ataupun tindakan yang terjadi dikarenakan suatu alasan yang paling mendasar.

a. 가: 운전면허를 인도네시아에서 땄군요.
   (Unjeonmyeonheoreul indonesiaeseo ttakunyo.)
   Rupanya Anda mendapat SIM(Surat Izin Mengemudi) di Indonesia.
   루빠냐 안다 믄다빳 심 (수랏 이진 믕으무디) 디 인도네시아

   나: 인도네시아 면허 시험이 쉽다길래 인도네시아 오자마자 면허증을 땄어요.
   (Indonesia myeonheo siheommi swibtagillae Indonesia ojamaja myeonheojeungeul ttasseoyo.)
   Karena ujian SIM di Indonesia mudah, secepatnya tiba di Indonesia anda dapat memperoleh SIM.
   까르나 우지안 심 디 인도네시아 무다ㅎ, 스쯔빳냐 띠바 디 인도네시아 안다 다빳 믐쁘ㄹ올레ㅎ 심

b. 이웃이 많이 시끄럽게 하길래 잠을 잘 수 없어요.
   (Iutsi manni sikkeureobkke hagillae jameil jal su eobseoyo.)
   Karena tetangga sangat ribut sampai tidak dapat tidur.
   까르나 뜨땅가 상앗 리붓 삼빠이 띠닥 다빳 띠둘

c. 고장났길래 새로운 DVD플레이어를 샀습니다.
   (Gojangnagillae saeroun dibidipheulleoeoreul saseumnida.)
   Karena rusak, saya membeli DVD player baru.
   까르나 루삭, 사야 믐블리 데베데 플레이어ㄹ 바루

문법 Tata Bahasa

d. 우울하길래 아이스크림을 먹었어요.
   (Uulhagillae aiseukheurimmeul meogeosseoyo.)
   Karena depresi, saya makan es krim.
   까르나   데쁘레시,   사야   마깐   에ㅅ 끄림.

e. 드라마가 재미있길래 친구에게 보라고 했어요.
   (Deuramaga jaemiigillae chinguege borago haesseoyo.)
   Karena drama(film) nya menarik saya merekomendasikan
   까르나   드라마(펠렘)   냐   므나릭   사야   므레꼬멘다시깐

   teman saya untuk menontonnya.
   뜨만   사야   운뚝   므논똔냐.

40. (동사) 도록

※ Artinya sampai, sehingga, selama
※ Untuk menyatakan suatu tindakan yang harus/sebaiknya dilakukan

a. 할아버지께서 잘 주무시도록 조용히 하세요.
   (Halabeojikkeseo jal jumusidorok joyonghi haseyo.)
   Tolong jangan berisik selama kakek sedang tidur.
   똘롱   장안   브리식   슬라마   까꿱   스당   띠둘.

b. 가: 또 실수해서 정말 죄송합니다.
   (Tto silsuhaeseo jeongmal jwesonghamnida.)
   Saya berbuat salah lagi, tolong dimaafkan.
   사야   브르부앗   살라ㅎ 라기,   똘롱   디마앞깐.

   나: 앞으로 조심하도록 하세요.
   (Apheuro josimhadorok haseyo.)
   Tolong lain kali hati-hati.
   똘롱   라인   깔리   하띠- 하띠

c. 가: 이 보고서를 언제까지 끝내면 될까요?
   (I bogoseoreul eonjekkaji kkeutnaeyo?)
   Laporan ini sampai kapan harus diserahkan?
   라뽀란   이니 삼빠이   까빤   하루ㅅ 디수라ㅎ깐

   나: 다음 주 월요일까지 제출 하도록 하세요.
   (Daeumju wolyoilkkaji jechul hadorok haseyo.)
   Sampai besok senin tolong diserahkan ya.
   삼빠이   베속   세닌   똘롱   디세라ㅎ깐   야

d. 컴퓨터 자격증을 받을 수 있도록 노력 하겠습니다.
   (Kheompyutheo jagyeokjeungeul badal su itdorok noryeok hagetseumnida.)
   Saya akan terus berusaha samapi mendapat sertifikat
   사야   아깐   떼루ㅅ 브루사하   삼빠이   믄다빳   슬띠피깟
   komputer.
   컴뿌뜨ㄹ

41. -겠네요

※ Dipakai untuk memberikan komentar pada hal yang terjadi di masa lalu.

a. A: 2주전에 일이 많아서 자주 야근했어요.
   (Ijujeone illi mannaseo jaju yageunhaesseoyo.)
   2 minggu yang lalu karena banyak pekerjaan jadi sering
   두아(2) 밍구   양   랄루 까르나   반약   쁘끄ㄹ자안   자디 스링
   lembur.
   름부ㄹ

   B: 정말 힘들겠네요.
   (Jeongmal himdeulgeneyo.)

문법 Tata Bahasa

Sangat capai ya.
상앗 짜빠이 야

b. A: 영어 너무 부족해서 말이 안통했고 친구 하나도 없었어요.
(Yeongeo neomu buchokkaeseo malli anthonghaetko chingu hanado eobseoseoyo.)
Karena bahasa Inggris saya kurang jadi tidak bisa
까르나 바하사 잉그리ㅅ 사야 꾸랑 자디 띠닥 비사
berkomunikasi dengan baik maka saya tidak punya teman
브ㄹ꼬무니까시 등안 바익 마까 사야 띠닥 뿐야 뜨만
satupun.
사뚜뿐

B: 많이 숙상겠네요.
(Manni suksangkeneyo.)
Sangat stres ya.
상앗 스뜨레ㅅ 야

c. A: 내일 홍대 공원에 공연할 거에요.
(Naeil hongdae gongwonne hongyeonhalgeoeyo.)
Besok saya akan manggung di taman Hongdae.
베속 사야 아깐 망궁 디 따만 홍대

B: 긴장되겠네요.
(Ginjangdwegeneyo.)
Anda pasti kuatir ya.
안다 빠ㅅ띠 꾸아띠ㄹ 야

42. -만큼 se-

※ Dipakai untuk menunjukkan pendapat mengenai kualitas
※ 명사 + 만큼 → kata benda dengan 만큼

※ 동사 + 는 만큼 → kata kerja dengan 만큼 dipakai untuk menjelaskan hal-hal yang terjadi sekarang atau akhir-akhir ini ; 동사 + ㄴ/은 만큼 dipakai untuk menjelaskan apa yang terjadi dimasa lalu & 동사 +-ㄹ/을 만큼 dipakai untuk menjelaskan hal yang mungkin terjadi di masa depan.

a. 눈을 뜰 수 없을 만큼 ~ 엄습하던 두려움
   (Nuneul tteul su eobseul mankheum eomseumhadeon duryeoum.)
   Saya takut sampai tidak berani membuka mata.
   사야 따꿋 삼빠이   띠닥   브라니   믐부까

b. 저는 다빗 벡캄만큼 축구를 잘해.
   (Jeoneun dabit baekhammankheum chukkureul jalhae.)
   Saya pintar bermain sepak bola seperti David Beckham.
   사야 삔따르 브르마인   세빡   볼라 스쁘르띠 다빗   벡캄

c. 저는 한국 사람들이 한국어를 말하는 것만큼 한국어를 잘 말하고 싶어요.
   (Jeoneun hanguk saramdeulli hangukkeoreul malhaneun geotmankheum hangukkeoreul jal malhago sipheoyo.)
   Saya ingin pintar berbahasa Korea seperti orang Korea.
   사야 잉인 삔따르 브르바하사   꼬레아 스쁘르띠 오랑   꼬레아

d. 저는 저의 강아지를 하늘만큼 사랑한다.
   (Jeoneun jeoeui gangajireul haneulnamkheum saranghanda.)
   Saya mencintai anjng-anjing saya setinggi langit.
   사야 믄찐따이   안징- 안징 사야 스땡기   랑잇

e. 그 물건은 비싼 만큼 좋지 않다.
   (Geu mulgeoneun bissan mankheum johji anna.)
   Barang semahal itu tetapi tidak bagus.
   바랑   스마할   이뚜 뜨따삐 띠닥   바구ㅅ

문법 Tata Bahasa

43. ~을/를 통해서

※ Artinya melalui, dengan, perantaraan. Dipakai untuk menunjukan cara.

a. 친구를 통해서 인턴십을 잡았어요.
(Chingureul thonghaeseo intheonsibeul jabasseoyo.)
Melalui teman saya dapat kesempatan magang ini.
믈랄루이 뜨만 사야 다빳 끄슴빠딴 마강 이니

b. 난 우편 주문을 통해 쇼핑하는 걸 좋아합니다.
(Nan upheyon jumuneul thonghae syophinghaneun geol joahamnida.)
Saya suka berbelanja melalui pos.
사야 수까 브르블란자 믈랄루이 뽀스

c. 그 도둑은 집 창문을 통해 들어갔다.
(Geu dodokeun jib changmuneul thonghae deulleogada.)
Pencuri itu masuk rumah melalui jendela.
쁜쭈리 이뚜 마숙 루마ㅎ 믈랄루이 즌델라

d. 인터넷을 통해서 인도네시아어를 배웠어요.
(Intheonetseul thonghaeseo indonesiaeoreul naewosseoyo.)
Melalui internet saya belajar bahasa Indonesia.
믈랄루이 인터르넷 사야 블라자르 바하사 인도네시아

44. (동사) 듯이

※ Artinya seperti, bagaikan

a. 요세 젊은 한국 사람들이 돈을 물 쓰듯이 써요.
(Yose jeolmeun hanguk saramdeulli donneul mul seudeusi sseoyo.)

Akhir-akhir ini anak-anak muda Korea menghambur-
아키ㄹ- 아키ㄹ 이니 아낙- 아낙 무다 꼬레아 믕함부ㄹ-
hamburkan uang seperti air.
함부ㄹ깐 우앙 스쁘ㄹ띠 아이ㄹ

b. 일이 물 흐르듯이 계속 생겨요.
(Illi mul haereudeusi gyesok saenghyeoyo.)
Pekerjaan mengalir seperti air.
쁘끄ㄹ자안 믕아리ㄹ 스쁘ㄹ띠 아이ㄹ

c. 가: 저 여자친구는 거짓말쟁이예요.
(Jeo yeojachinguneun geojimaljaengiyeyo.)
Pacar saya pembohong.
빠짜ㄹ 사야 쁨보홍

나: 맞아요. 거짓말을 밥 먹듯이 하더라고요.
(Majayo. Gojimalleul bab meokdeusi hadeoragoyo.)
Benar, dia bohong seperti makan nasi.
브나ㄹ, 디아 보홍 스쁘ㄹ디 마깐 나시

d. 가: 미국에서 생활하면서 좋은 사람을 많이 만났지요?^^
(Migukeseo saenghwalhamyeonseo joeun sarameul manni manajiyo?)
Pada waktu tinggal di Amerika, anda sering bergaul
빠다 왁뚜 띵갈 디 아메리까, 안다 스링 브ㄹ가울
dengan orang-orang yang baik kan?^^
등안 오랑- 오랑 양 바익 깐?

나: 그럼요. 저를 가족을 대하듯이 대해주신 분들이 많아요.
(Geureomyo. Jeoreul gajokkeul daehadeusi daehaejusin bundeulli mannayo.)
Tentu saya. Banyak orang memperlakukan saya seperti
뜬뚜 사자. 반약 오랑 음쁘ㄹ라꾸깐 사야 스쁘ㄹ띠

keluarga sendiri.
끌루아ㄹ가 슨디리

45. (명사) 답다

※ Artinya seperti. Dipakai untuk menyatakan kemiripan.

a. 티나와 토니는 부모 답게 연예인 해요.
   (Thinawa thonineun bumo dabkke yeonyein haeyo.)
   Tina dan Toni berpacaran seperti orang tua.
   띠나   단   또니   브ㄹ빠짜란   스쁘ㄹ띠   오랑   뚜아

b. 학생 답게 모든 일이 본문을 마음으로 배웁니다.
   (Haksaeng dabkke modeun illi beobbeun maeumeuro baeumnida.)
   Semua hal belajarlah seperti murid.
   스무아   할   블라자ㄹ라ㅎ   스쁘ㄹ띠   무릿

c. 저는 남자 답게 차가 좋아요.
   (Jeoneun namja dabkke chaga joayo.)
   Saya menyukai mobil seperti laki-laki.
   사야   믄유까이   모빌   스쁘ㄹ띠   라끼- 라끼

d. 가: 아장씨는 영어 정말 잘 하시요?
      (Ajangssineun yeongeo jeongmal hal hasiyo?)
      Ajang sangat pintar berbahasa Inggris ya?
      아장   상앗   뻰따ㄹ   브ㄹ바하사   잉그리ㅅ   야?

   나: 네, 영어 원어님답게 정말 잘 해요.
      (Ne, yeongeo wonneonimdabkke jeongmal jal haeyo.)
      Ya, dia memang pintar seperti orang asing yang
      야,   디아 메망   뻰따ㄹ   스쁘ㄹ띠   오랑   아싱   양
      berbahasa Inggris.
      브ㄹ바하사   잉그리ㅅ

46. (동사) 곤 하다

※ Dipakai untuk menunjukan kebiasaan.

a. 가: 교회에 자주 가세요?
   (Gyohwee jaju gaseyo?)
   Apakah anda sering pergi ke gereja?
   아빠까ㅎ 안다 스링 쁘ㄹ기 끄 그레자?

   나: 예전에 영국에 오기전에 자주 가곤 했는데 요즘에는 일요일에 그냥 집에서 있어요.
   (Yejeone yeonggukke ogijeonne jaju gagon haeneunde yojeumeneun ilyoile jibeseo isseoyo.)
   Dulu sebelum pergi ke Inggris saya sering ke gereja
   둘루 스블룸 쁘ㄹ끼 끄 잉그리ㅅ 사야 스링 끄 그레자
   tetapi akhir-akhir ini kalau hari Minggu saya hanya
   뜨따삐 아키ㄹ- 아키ㄹ 이니 깔라우 하리 밍구 사야 한야
   tinggal di rumah.
   띵갈 디 루마ㅎ

b. 슬플때 술을 마시곤 해요.
   (Seulpheulttae sulleul masigon haeyo.)
   Kalau saya sedih saya minum(minum minuman keras).
   깔라우 사야 수디ㅎ 사야 미눔 (미눔- 미누만 끄라ㅅ)

c. 시간 나면 강아지랑 산책하곤 해요.
   (Sigan namyeon gangajirang sanchaekhagon haeyo.)
   Kalau saya ada waktu, saya berjalan-jalan bersama anjing
   깔라우 사야 아다 왁뚜, 사야 브ㄹ잘란- 잘란 브ㄹ사미 안징
   saya.
   사야

문법 Tata Bahasa

d. 가: 스트레스를 받으면 어떻게 해요?
(Seutheureseureul badeumyeon eotteokke haeyo?)
Kalau stres sebaiknya ngapain ya?)
깔라우 스뜨레ㅅ 스바익냐 응아빠인 야?

나: 그럴 때 친구한떼 이야기 하곤 해요.
(Geureol ttae chinguhanttae iyagi hagon haeyo.)
Sewaktu stres saya bercerita ke teman.
스왁뚜 스뜨레ㅅ 사야 브ㄹ쯔리따 끄 뜨만

47. 명사 + 때문에 & 동사하기 때문에

※ Artinya karena. Dipakai untuk menyatakan penyebab/alasan

a. 중국음식 좋아하기 때문에 중국 요리를 배울겁니다.
(Junggukeumsil joahagi ttaemune jungguk yorireul baeulgeomnida.)
Karena saya suka masakan Cina, saya akan belajar memasak.
까르나 사야 수까 마사깐 찌나, 사야 아깐 블라자ㄹ 므마삭

b. 오늘 아침에 운전 시험을 있기 때문에 일찍 일어났다.
(Oneul a chime unjeon siheomeul itgi ttaenume ilcik illeonatta.)
Pagi ini karena ada ujian mengemudi, saya bangun pagi-pagi.
빠기 이니 까르나 아다 우지안 믕으무디, 사야 방운 빠기- 빠기

c. 지금 공부를 하고 있기 때문에 통화하기 어려워요.
(Jigeum gongbureul hago itgi ttaemune thonghwahagi eoryeowoyo.)
Karena sekarang saya sedang belajar maka saya tidak bisa berbicara di telepon.
까르나 스까랑 사야 스당 블라자ㄹ 마까 사야 띠닥 비사 브ㄹ비짜라 디 뜰레뽄

d. 당신 때문에 힘들어요.
   (Dangsin ttaemune himdeulleoyo.)

   Karena anda saya capai.
   까르나   안다   사야   짜빠이

48. ~았/었/였을 텐데

※ Artinya kalau 'A' / 'B' lebih baik.
※ Menunjukkan keadaan yang tidak diinginkan/ mengecewakan/ tidak memungkinkan.
※ Menunjukkan pendapat.

a. 저도 저녁에는 집에 없을텐데 어떡하지요?
   (Jeodo jeonyeokkeneun jibe eobseul thende eotteokkajiyo?)

   Malam ini saya juga tidak akan tinggal dirumah, bagaimana ya?
   말람   이니 사야   주가   띠닥   아깐   띵갈   디루마ㅎ,   바가이마나   야?

b. 수미씨는 요즘 바쁠텐데요.
   (Sumissineun yojeum bappeul thendeyo.)

   Sumi akhir-akhir ini sibuk lho.
   수미   아키ㄹ- 아키ㄹ   이니   시북   로

c. 교통이 복잡할 텐데 지하철을 타고 가세요.
   (Gyothongi bokjabhal thende jihacheolleul thago gaseyo.)

   Karena macet lebih baik naiklah kereta bawah tanah.
   까르나   마쯧   르비ㅎ   바익   나익라ㅎ   꼬레따   바와ㅎ   따나ㅎ

d. 그거는 간단할 텐데, 어렵고 해요.
   (Geugeoneun gandanhal thende, eotyeobko haeyo.)

   Padahal hal itu sangat sederhana, tetapi sulit juga.
   빠다할   할   이뚜 상앗   스드ㄹ하나,   뜨따삐   술릿   주가

문법 Tata Bahasa

49. (동사) 았/었/였더니

※ Digunakan dengan kata kerja.
※ Dipakai untuk menunjukkan karena suatu aktivitas yang dilakukan sebelumnya maka terjadi suatu tindakan atau keadaan.

a. 잘못 했더니 친구가 화를 냈어요.
 (Jalmot haedeoni chinguga hwareul naesseoyo.)
 Karena saya melakukan kesalahan maka teman saya menjadi marah.
 까르나 사야 믈라꾸깐 꺼살라한 마까 뜨만 사야 믄자디
 마라ㅎ

b. 두시간 동안 산책 했더니 기분이 좋아졌어요.
 (Dusigandongan sanchaek haedeoni gibunni joajyeosseoyo.)
 Setelah berjalan-jalan selama 2 jam, perasaan saya menjadi lebih baik.
 스뜰라ㅎ 브ㄹ잘란- 잘란 슬라마 두아(2) 잠, 쁘라사안 사야 믄자디
 르비ㅎ 바익

c. 일주일 내내 야근 했더니 좀 피곤하네요.
 (Iljuil naenae yageun haedeoni jom phigonhaedeyo.)
 Setelah selama 2 minggu lembur terus saya capek.
 스뜰라ㅎ 슬라마 두아(2)밍구 름부ㄹ 뜨루ㅅ 사야 짜뻭

d. 농담을 했더니 사람들이 웃었어요.
 (Nongdameul haedeoni saramdeulli useoseoyo.)
 Orang-orang tertawa karena lawakan saya.
 오랑- 오랑 뜨다와 까르나 라와깐 사야

e. 아침마다 운동을 했더니 건강해졌어요.
 (Achimmada undongeul haedeoni geonganghaejyeosseoyo.)

Saya menjadi sehat setelah berolah raga setiap pagi.
사야   믄자디   세하ㅅ   스뜰라ㅎ   브ㄹ올라ㅎ 라가   스띠앞   빠기

50. (동사 · 형용사) (으) ㄴ/는 (으)ㄹ 줄 알다/모르다

※ Dipakai untuk menunjukkan ketidaktahuan atau kesalahpahaman pada suatu kebenaran/peristiwa yang sebenarnya terjadi.

※ Dipakai untuk menunjukkan harapan ataupun perkiraan/kemungkinan

사실 Sesungguhnya	작다 (Jakda)	Kecil 끄찔	작은 줄 알다/모르다 (Jakeun jul alda/moreuda)
	예쁘다 (Yeppeuda)	Cantik 짠떡	예쁜 줄 알다/모르다 (Yeppeun jul alda/moreuda)
	먹다 (Meokda)	Makan 마깐	먹는 줄 알다/모르다 (Meongneun jul alda/moreuda)
	가다 (Gada)	Pergi 쁘르기	가는 줄 알다/모르다 (Ganeun jul alda/moreuda)
	가방 (Gabang)	Tas 따ㅅ	가방인 줄 알다/모르다 (Gabangin jul alda/moreuda)
추측 Perkiraan	먹다 (meotda)	Makan 마깐	먹을 줄 알다/모르다 (meogeul jul alda/moreuda)
	작다 (Jakda)	Kecil 끄찐	작을 줄 알다/모르다 (Jakeul jul alda/moreuda)
	예쁘다 (Yeppeuda)	Cantik 짠떡	예쁠 줄 알다/모르다 (yeppeul jul alda/moreuda)
	가다 (Gada)	pergi 쁘르기	갈 줄 알다/모르다 (gal jul alda/moreuda)

문법 Tata Bahasa

a. 가: 날씨가 맑은데 왜 우산을 가져 왔어요?
   (Nalssiga malkeunde wae usaneul gajyeo wasseoyo?)
   Hari ini cuacanya terang tetapi kenapa anda membawa
   하리 이니 쭈아짜냐   뜨랑   뜨따삐 끄나빠   안다   믐바와
   payung?
   빠융?

   나: 아침에 날씨가 흐려서 비가 올 줄 알았어요.
   (Achime nalssiga heuryeoseo biga eul jul allasseoyo.)
   Pagi ini cuacanya agak berkabut, jadi saya pikir akan
   빠기 이니 쭈아짜냐   아각 브르까붓, 자디 사야 삐까르 아딴
   turun hujan.
   뚜룬 후잔.

b. 가: 조용히 해주세요. 친구와 통화 중이에요.
   (Joyonghi haejuseyo. Chinguwa thonghwa jullieyo.)
   Bisa diam? Saya sedang menelepon.
   비사 디암? 사야 스당   므늘레뽄.

   나: 아. 죄송해요. 통화 중인 줄 몰랐어요.
   (A. Jwesonghaeyo. Thonghwa jungin jul mollasseoyo.)
   Oh…maaf. Saya tidak tahu kalau anda sedang memakai
   오흐.. 마앞.   사야   띠닥 따후   깔라우 안다   스당   므마까이
   telepon.
   뜰레뽄.

c. 애니가 오늘 파티에 안올 줄 알았어요.
   (Aeniga oneul phathie aneul jul alasseoyo.)
   Saya pikir Ani tidak datang ke pesta.
   사야   삐끼르 아니 띠닥 다땅   끄 뻬스따.

d. 두 사람이 계속 사귈 줄 알았어요.
   (Du sarami gyesok sagwi jul alasseoyo.)
   Saya pikir kedua orang itu tetap bersama.
   사야 삐끼ㄹ 끄두아 오랑   이뚜 뜨땁 브ㄹ사마

51. 사동

※ Dipakai untuk menunjukkan tindakan yang dilakukan untuk orang lain

	동사 → 사동사		
히	읽다 (iltta)	읽히다 (ilkhida)	Membaca → membacakan 음바짜 → 음바짜깐
	입다 (ibtta)	입히다 (iphida)	Memakai → memakaikan 므마까이 → 므마까이깐
	앉다 (ancca)	앉히다 (anchida)	Duduk → mendudukan 두둑 → 믄두둑깐
	넓다 (neolbtta)	넓히다 (neolphida)	Luas → Memperluas 루아ㅅ → 음쁘ㄹ루아ㅅ깐
이	먹다 (meoktta)	먹이다 (mogida)	Makan → memberi makan 마깐 → 음브리 마깐
	보다 (boda)	보이다 (boida)	Lihat → memperlihatkan 리핫 → 음쁘ㄹ리핫깐
	속다 (soktta)	속이다 (sogida)	Campur → mencampurkan 짬뿌ㄹ → 믄짬뿌ㄹ깐
	붙다 (buttha)	붙이다 (buthida)	Tempel → menempelkan 뗌뻴 → 므넴뻴깐
기	맡다 (matha)	맡기다 (mangida)	Menitip → menitipkan 므니띱 → 므니띱깐
	벗다 (beotta)	벗기다 (beotgida)	Melepas → Melepaskan 믈르빠ㅅ → 믈르빠ㅅ깐

문법 Tata Bahasa

	동사 → 사동사		
기	숨다 (sumda)	숨기다 (sumgida)	Bersembunyi → menyembunyikan 브ㄹ슴분이 → 믄옘분이깐
	옮다 (olmda)	옮기다 (olmgida)	Berpindahkan → memindahkan 브ㄹ삔다ㅎ깐 → 므민다ㅎ깐
리	알다 (alda)	알리다 (allida)	Tahu → memberi tahu 따후 → 음브리 따후
	살다 (salda)	살리다 (sallida)	Hidup → menolong/menyelamatkan 히둡 → 므놀롱/믄엘라맛깐
	듣다 (deutta)	들리다 (deullida)	Dengar → kedengaran 등아ㄹ → 끄등아란
	울다 (ulda)	울리다 (ullida)	Menangis → menangis 므낭이ㅅ → 므낭이ㅅ
우	자다 (jada)	재우다 (Jaeuda)	Tidur → menidurkan 띠두ㄹ → 므니두ㄹ깐
	서다 (seoda)	세우다 (seuda)	Berdiri → mendirikan 브ㄹ디리 → 므므디라깐
	쓰다 (sseuda)	쓰우다 (sseuuda)	Menulis → menuliskan 므눌리ㅅ → 므눌리ㅅ깐
	깨다 (kkaeda)	깨우다 (kkaeuda)	Bangun → Membangunkan 방운 → 음방운깐
추	맞다	맞추다 (matchuda)	Benar → menyamakan/merapikan supaya sama 브나ㄹ → 므냐마깐/므라삐깐 수빠야 사마
	낮다	낮추다 (nachuda)	Rendah → membuat lebih rendah 른다ㅎ → 음부앗 르비ㅎ 른다ㅎ
	늦다	늦추다 (neuchuda)	Lambat → melambatkan 람밧 → 믈람밧깐

a. 서울대 입구역 8번 출구에서 세워 주세요. (사다)
   (Seouldae ibguyeok phalbeon chulgueseo seweo juseyo. (sada))

   Tolong ke stasiun Universitas Seoul pintu keluar nomer 8.
   똘롱   끄 스따시운 우니베ㄹ시따스 서울 삔뚜 끌루아ㄹ 노메ㄹ 들라빤(8)

b. 내일 만날 장소에 대해 알려 주실레요. (알다)
   (Naeil mannal changsoe daehae allyeo jusilleyo. (alda))

   Tolong beritahu saya lokasi besok.
   똘롱   브리따후   사야   로까시   베속

c. 친구가 나에게 열쇠를 맡겼다. (맡다)
   (Chinguga naege yeolswereul makyeoda. (matha))

   Teman saya menitipkan kuncinya pada saya.
   뜨만   사야   므니띱깐   꾼찌냐   빠다   사야

d. 위사가 환자에게 살려다. (살다)
   (Wesaga hwanjaege sallyeoda. (salda))

   Dokter menyelamatkan nyawa pasien.
   독떼ㄹ   믄옐라맛깐   냐와   빠시엔

e. 엄마가 아이들에게 자리에 앉혔어요. (앉다)
   (Eommaga aideulege jarie anchyeosseoyo. (ancca))

   Ibu mendudukan anak-anak.
   이부 믄두두깐   아낙- 아낙

52. (명사) (이) 야말로

※ Artinya paling, ter-
※ Untuk menunjukan sesuatu yang superior dari lainnya

a. 서울사람이야말로 가장 바쁜 사람이에요.
   (Seoulsaramiyamallo gajang bappeun saramieyo.)

문법 Tata Bahasa

Orang-orang Seoul adalah orang-orang yang paling sibuk.
오랑- 오랑 서울 아달라ㅎ 오랑- 오랑 양 빨링 시북

b. 아시다시피 인삼이야말로 한국에 제일 좋은 손물이라고 할 수 있어요.
(Asidasiphi insamiyamallo hanggukke jeil joeun sonmullirago hal su isseoyo.)
Seperti yang anda ketahui ginseng merupakan oleh-oleh
스쁘ㄹ띠 양 안다 끄따후이 긴셍 므루빠깐 올레ㅎ-올레ㅎ
Korea yang paling bagus.
꼬레아 양 빨링 바구ㅅ

c. 나시 고랭이야말로 인도네시아의 대표적인 음식이라고 할 수 있어요.
(Nasi goraengiyamalloindonesiaeui daephyujeokin eumsikirago hal su isseoyo.)
Nasi goreng bisa dibilang wakil dari masakan Indonesia.
나시 고렝 비사 디빌랑 와낄 다리 마사깐 인도네시아

d. 강아지야말로 제일 좋은 친구입니다.
(Gangajiyamallo jeil jogeun chingu imnida.)
Anjing adalah teman yang paling baik.
안징 아달라ㅎ 뜨만 양 빨링 바익

53. (동사)는 대로

※ Dipakai untuk menunjukkan suatu kegiatan
※ (B) yang akan dilakukan segera setelah kegiatan sebelumnya
※ (A) sudah selesai.

a. 일이 끝나는대로 이사 준비 합시다.
(Illi kkeunaneundaero isa junbi habsida.)
Setelah selesai bekerja mari kita bersiap-siap untuk pindah.
스뜰라ㅎ 슬르사이 브끄ㄹ자 마리 끼따 부ㄹ시압- 시압 운뚝 삔다ㅎ

b. 내일 아침에 일어나는 대로 아침 식사 하세요.
   (Naeil achime illeonaneun daero achim siksa haseyo.)

   Besok pagi setelah bangun segera sarapan pagi.
   베속   빠기   스뜰라ㅎ   방운   스그라   사라빤   빠기

c. 강이 끝나는 대로 기차역에 가 볼까 해요.
   (Gangi kkeunaneun daero gichayeoke ga bulkka haeyo.)

   Setelah selesai mengajar bagaimana kalau segera bertemu di
   스뜰라ㅎ   슬르사이   믕아자ㄹ   바가이마나   깔라우   스그라   브ㄹ뜨무   디

   stasiun kereta.
   스따시운   끄레따

d. 인턴십이 시작하는 대로 한국어 수업을 신청할려고 생각해요.
   (Intheinsibi sijakhaneun daero hanggukgeo sueobeul sincheonghal-
   lyogo saenggakhaeyo.)

   Saya berpikir untuk mendaftar kursus Korea setelah magang
   사야   브ㄹ삐끼ㄹ   운뚝   믄닾따ㄹ   꾸ㄹ수스   꼬레아   스뜰라ㅎ   마강

   dimulai.
   디물라이

e. 이번 학기가 끝나는 대로 미국에 유학으로 갈 예정이에요.
   (Ibeon hakkiga kkeunaneun daero migukke yuhakeuro gal
   yejeongieyo.)

   Begitu selesai semester ini saya akan pergi belajar ke Amerika.
   브기뚜   슬르사이   스메스뜨ㄹ   이니   사야   아깐   쁘르기   블라자ㄹ   끄   아메리까

54. (동사) (으) 려던 참이다

※ Artinya juga akan.
※ Dipakai untuk menunjukan suatu tindakan yang baru terpikirkan akan dilakukan

문법 Tata Bahasa

※ Dipakai untuk menunjukan kebetulan.

a. 가: 여름 휴가를 신청 안해요?
   (Yeoreum hyugareul sincheong anhaeyo?)
   Anda tidak mengajukan liburan musim panas?
   안다   띠닥   믕아주깐   리부란   무심   빠나ㅅ?

   나: 다음 주에 신청 하려던 참이에요.
   (Daeumjue sincheong haryeodeon chamieyo.)
   Minggu depan saya akan mengajukannya.
   밍구   드빤   사야   아깐   믕아주깐냐

b. 가: 토니씨 이메일 주소를 아세요?
   (Thonissi imeil jusoreul aseyo?)
   Apakah anda tahu alamat email Toni?
   아빠까ㅎ   안다   따후   알라맛   이메일   또니?

   나: 아니요. 저도 몰라서 다른 사람에게 물어보려던 참이에요.
   (Aniyo. Jeodi mullaseo dareun saramege mulleoboryedeon chamieyo.)
   Tidak. Karena saya juga tidak tahu, saya bertanya ke
   띠닥.   까르나   사야 주가 띠닥 따후, 사야   브ㄹ딴야   끄
   orang-orang lain.
   오랑-   오랑   라인

c. 연락 하려던 참에 길에서 친구를 만났어요.
   (Yeonlak haryeodeon chame gilleseo chingureul mannasseoyo.)
   Ketika saya hendak menghubungi teman, eh kebetulan saya
   끄띠까   사야   흔닥   믕후붕이   뜨만,   에ㅎ 끄베뚤란   사야
   bertemu dengannya di jalan.
   브ㄹ뜨무   등안냐   디 잘란

d. 제가 인도네시아 비행기표를 사려던 참이었는데 출장을 가게 됐어요.
   (Jega Indonesia bihaenggiphyoreul saryeodeon chamieoneunde
   chuljangeul gagedwaesseoyo.)

   Ketika saya hendak membeli tiket pesawat ke Indonesia,
   끄띠까   사야   흔닥   음블리   띠껫   쁘사왓   끄   인도네시아,

   saya ditugaskan untuk dinas kesana.
   사야   디뚜가ㅅ깐   운뚝   디나ㅅ   끄사나

e. 친구를 찾으려던 참에 리나가 멋진 남자에게 소개했어요.
   (Chingureul chajeuryeodeon chame rinaga meochin namjaege
   sogaehaesseoyo.)

   Ketika saya sedang mencari teman, Lina memperkenalkanku
   끄띠까   사야   스당   믄짜리   뜨만,   리나   므므쁘ㄹ끄날깐꾸

   dengan cowok keren.
   등안   쪼웍   끄렌

55. (동사) 든지 (동사)든지

※ Artinya atau. Dipakai untuk menyatakan pilihan 2 tindakan.

a. 가: 방학 때 무엇을 할 거예요?
   (Banghak ttae mueoseul hal geoyeyo?)

   Apakah anda ada rencana untuk liburan ini?
   아빠까ㅎ   안다   아다   른짜나   운뚝   리부란   이니?

   나: 인턴을 하든지 교육을 받든지 할거에요.
   (Intheoneul hadeunji gyoyukeul badeunji halgeoeyo.)

   Saya akan magang atau akan belajar.
   사야   아깐   마강   아따우   아깐   블라자ㄹ

b. 가: 한국어 듣기 공부를 잘하려면 어떻게 해야 돼요?
   (Hanggugo deukki gongbureul jalharyeomyeon eotteoge haeya
   dwaeyo?)

문법 Tata Bahasa

Bagaimana caranya belajar dengan baik untuk pendengaran
바가이마나   짜라냐   블라자르 등안   바익 운뚝   쁜등아란

bahasa Korea?
바하사   꼬레아?

나: 영화를 자주 보든지 모임에 자주 가든지 해보세요.
(Yeonghwareul jaju bodeunji moim jaju gadeunji haeboseyo.)

Cobalah sering menonton film atau pergi ke perkumpulan.
쪼발라ㅎ   스링   므논똔   필름 아따우 쁘르끼 끄   쁘르꿈뿔란

c. 가: 좋아하는 남자에게 고백을 하고싶은데 어떤 방법은 제일 좋아요?
(Joahaneun namjaege gobaekeul hagosipheunde eotteon bangbeobeun jeil joayo?)

Bagaimana cara yang paling jitu untuk menyatakan cinta
바가이마나   짜라 양   빨링   지뚜   운뚝   믄야따깐   찐따

pada lelaki yang kita sukai?
빠다   를라끼 양   끼따 수까이?

나: 카드를 보내든지 야구 경기에 가서 쉬는 시간에 뽀뽀하든지 해보세요 ^^
(Khadeureul bonaedeunji yagu gyeonggie gaseo swineun sigane popohadeunji haeboseyo.)

Cobalah untuk mengirimkan kartu atau pada waktu
쪼발라ㅎ   운뚝   믕이림깐   까르뚜 아따우 빠다   왁뚜

istirahat pertandingan baseball ciumlah dia ^^
이스띠라핫 쁘르딴딩안   베이스볼   찌움라ㅎ   디아

d. 가: 돈이 부족해요 다음달에 어떻게 살 수 있나요?
(Donni bucjokhaeyo daeumdalle eotteokke sal su inayo?)

Saya tidak ada uang, bulan depan bagaimana bisa hidup ya?
사야   띠닥 아다 우앙,   불란 드빤   바가이마나   비사 히둡 야?

나: 알바하든지 신용카드를 사용하면 되지 않아요.
(Albahadeunji sinyongkhadereul sayonghamyeon dweji annayo.)

Coba cari kerja sampingan atau pakailah kartu kredit anda.
쪼바   짜리   끄ㄹ자   삼삥안   아따우   빠까일라ㅎ   까ㄹ뚜   끄레딧   안다

56. (동사/형용사) 기는 (동사/형용사) 지만

※ Artinya meskipun, tapi atau tetapi.
※ Dipakai untuk menyatakan meskipun suatu keadaan terjadi/tindakan dilakukan, tetapi tidak berpengaruh atau dirasakan kurang.

a. 가: 영어 시험 준비는 잘 하고 있어요?
(Yeongeo sijeom junbineun jal hago isseoyo?)

Apakah anda sudah belajar untuk ujian bahasa Inggris?
아빠까ㅎ   안다   수다ㅎ   블라자ㄹ   운뚝   우지안   바하사   잉그리ㅅ?

나: 준비하기는 하지만 고향에 문제가 생겨서 집중이 잘 안돼요.
(Junbihagineun hajiman gohyange numjega saenggyeoseo jibjungi jal andwaeyo.)

Saya sudah mempersiapkan dengan baik tetapi karena
사야   수다ㅎ   므ㅁ쁘ㄹ시압깐   등안   바익   뜨따삐   까르나

ada masalah di kampung jadi tidak bisa berkonsentrasi
아다   마살라ㅎ   디   깜뿡   자디   띠닥   비사   쁘ㄹ꼰센뜨라씨

dengan baik.
등안   바익

b. 가: 이 영화배우 정말 아름답지 않아요?
(Iyeonghwabaeu jeongmal areumdabji annayo?)

Bintang film ini sangat cantik, bukan?
빈땅   필름   이니   상앗   짠띡,   부깐?

문법 Tata Bahasa

나: 아름답기는 아름답지만 성형수술은 많이 받아서 별로예요.
(Areumdabkineun areumdabjiman seonghyeongsusuleun manni badaseo byeolloyeyo.)
Cantik sih cantik tapi tidak begitu cantik karena terlalu
짠딱 시ㅎ 짠딱 따삐 띠닥 브ㄱ뚜 짠딱 까르나 뜨ㄹ랄루
banyak operasi plastik.
반약 오뻬라시 쁠라ㅅ딱

c. 우리 과장님이 우리 회사에 오래 다니기는 다니지만 재능가 별로 높아지 않아요.
(Uri gwajangnimmi uri hwesae orae danigineun tanijiman haeneungga byeollo jophaji annayo.)
Manajer kami meskipun sudah lama bekerja di perusahaan
메네저ㄹ 까미 므ㅅ끼뿐 수다ㅎ 라마 브ㄱㄹ자 디 쁘루사하안
kami tetap kemampuannya tidak terlalu tinggi.
까미 뜨땁 끄맘뿌안냐 띠닥 뜨ㄹ랄루 띵기

d. 우리 팀은 지난 행사가 열심히 일하기는 일하지만 사장님이 별로 만족하지 않아요.
(Uri thimeun jinan haengsaga yeolsimhi ilhagineun ilhajiman sajangnimi byeollo manjokhaji annayo.)
Pada even yang lalu tim kami meskipun telah bekerja dengan
빠다 이벤 양 랄루 띰 까미 므ㅅ끼뿐 뜰라ㅎ 브ㄱㄹ짜 등안
giat tetapi bos kurang puas.
기앗 뜨따삐 보ㅅ 꾸랑 뿌아ㅅ

e. 우리 새로운 빌딩은 좋기는 하지만 주차장이 너무 좁아요.
(Uri saeroun bildingeun jokhineun hajiman juchajangi neomu jeolbeoyo.)
Gedung baru kami memang bagus tetapi tempat parkirnya
그둥 바루 까미 메망 바구ㅅ 뜨따삐 뜸빳 빠르끼ㄹ냐
sangat sempit.
상앗 슴삣

57. (동사/형용사) 더라도

※ Artinya meskipun, walaupun, akan tetapi

a. 가: 회의시간에 틀릴까봐 말을 못 하겠어요.
   (Hweeuisiganse theullilkkabwa mallal mot hagesseoyo.)
   Pada waktu rapat saya takut berbuat kesalahan karena itu
   빠다 왁뚜 라빳 사야 따꿋 브ㄹ부앗 끄살라한 까르나 이뚜
   saya tak berani berbicara.
   사야 딱 부라니 브ㄹ비짜라

   나: 완벽하게 하려면 틀리더라도 실수는 괜찮아요.
   (Wanbeykhage haryeomyeon theullideorado silsuneun kwaenchannayo.)
   Jika ingin sempurna meskipun salah bukan menjadi
   지까 잉인 슴뿌ㄹ나 므ㅅ끼뿐 살라ㅎ 부깐 믄자디
   masalah.
   마살라ㅎ

b. 나이가 들어라고 할 일이 있어야 한다.
   (Naiga deulleorago hal illi isseoya handa.)
   Anda harus punya pekerjaan meskipun tua.
   안다 하루ㅅ 뿐야 쁘끄ㄹ자안 므ㅅ끼뿐 뚜아

c. 가: 과장님 때문에 너무 힘들어요. 그만할 생각이 있는데 제가 이 회사가 좋아요.
   (Gwajangnim ttaemune neomu himdeulleoyo. Gaemanhal saenggaki ineunde jega i hwesaega joayo.)
   Saya stres karena manajer saya. Saya berpikir untuk
   사야 스뜨레ㅅ 까르나 메네저ㄹ 사야. 사야 브ㄹ삐끼ㄹ 운뚝
   pindah tetap sebenarnya saya suka dengan perusahaan
   삔닥 뜨따삐 스브나ㄹ냐 사야 수까 등안 쁘루사하안
   ini.
   이니

문법 Tata Bahasa

나: 힘들더라도 포기하지 마세요. 팀장님에게 한번 얘기해 보세요.
   (Himdeildeorado phogihaji maseyo. THimjangnimege hanbeon yaegihae boseyo.)

   Meskipun berat jangan berputus asa. Coba ceritakan hal ini pada Bapak/Ibu kepala departmen.

d. 시간이 별로 없더라도 우리 강아지들이랑 같이 산책 해야되요.
   (Sigani byeollo eobdeorado uri gangajideulirang gachi sanchaek haeyadweyo.)

   Meskipun saya tidak begitu ada waktu, saya harus mengajak anjing-anjing untuk jalan-jalan.

제3부 주로 사용하는 단어
Kosakata yang digunakan

- 제1과　가족관계(Hubungan Keluarga)
- 제2과　숫자(Angka)
- 제3과　시간(Waktu)
- 제4과　색깔(Warna)
- 제5과　방향(Arah)
- 제6과　측량 단위(Pengukuran)
- 제7과　신체(Badan / Tubuh)
- 제8과　의학(Obat)
- 제9과　교통(Lalu Lintas)
- 제10과　일상생활용품
　　　　　(Barang Kebutuhan Sehari-hari)

제1과 가족관계 *Hubungan Keluarga*

한국어 / 한국어 발음	인도네시아어 / 인도네시아어 발음
(친)할아버지 (chin)halabeoji	Kakek 까꼑
(친)할머니 (chin)halmeoni	Nenek 네넥
외할아버지 Wehalabeoji	Kakek 까꼑
외할머니 Wehalmeoni	Nenek 네넥
아버지, 아빠 Abeoji, apa	Bapak, ayah 바빡, 아야ㅎ
어머니 Eomeoni	Ibu 이부
아들 Adeul	Anak laki-laki 아낙 라끼-라끼
딸 Ttal	Anak perempuan 아낙 쁘름뿌안
손자 Sonja	Cucu laki-laki 쭈쭈 라끼-라끼
손녀 Sonnyeo	Cucu perempuan 쭈쭈 쁘름뿌안
형, 오빠 Hyeong, opa	Kakak (laki-laki) 까깍 (라끼-라끼)

주로 사용하는 단어 Kosakata

한국어 / 한국어 발음	인도네시아어 / 인도네시아어 발음
누나, 언니 Nuna, eonni	Kakak (perempuan) 까깍 (쁘름뿌안)
남동생 Namdongsaeng	Adik laki-laki 아딕 라끼-라끼
여동생 Yeodongsaeng	Adik perempuan 아딕 쁘름뿌안
남편 Namphyeon	Suami 수아미
안내 Annae	Istri 이ㅅ뜨리
시아버지 Siabeoji	Bapak mertua 바빡 므르뚜아
시어머니 Sieomeoni	Ibu mertua 이부 므르뚜아
장인 Jangin	Bapak mertua 바빡 므르뚜아
장모 Jangmo	Ibu mertua 이부 므르뚜아
삼촌 Samchon	Paman 빠만
외삼촌 Wesamchon	Paman 빠만
숙모 Sukmo	Bibi 비비
외숙모 Wesukmo	Bibi 비비
외형부 Wehyeongbu	Kakak ipar (laki-laki) 까깍이빠르 (라끼-라끼)
형수 Hyeongsu	Kakak ipar (perempuan) 까깍이빠르 (쁘름뿌안)

한국어 / 한국어 발음	인도네시아어 / 인도네시아어 발음
제부 Jebu	Adik ipar (laki-laki) 아딕이빠ㄹ (라끼-라끼)
제수 Jesu	Adik ipar (perempuan) 아딕이빠ㄹ (쁘름뿌안)
고모 Gomo	Bibi 비비
이모 Imo	Bibi 비비
이모부 Imobu	Paman 빠만
며느리 myeoneuri	Menantu perempuan 므난뚜 쁘름뿌안
사위 sawe	Menantu laki-laki 므난뚜 라끼-라끼

제2과 숫자 *Angka*

1. 인도네시아어 숫자(Angka Indonesia)

숫자	인도네시아어 / 읽는 발음	순서 숫자(사수사) / 읽는 발음
1	Satu 사뚜	Pertama 브ㄹ따마

주로 사용하는 단어 Kosakata

숫자	인도네시아어 / 읽는 발음	순서 숫자(사수사) / 읽는 발음
2	Dua 두아	Kedua 끄두아
3	Tiga 띠가	Ketiga 끄띠가
4	Empat 음빳	Keempat 끄음빳
5	Lima 리마	Kelima 끌리마
6	Enam 으남	Keenam 끄으남
7	Tujuh 뚜주ㅎ	Ketujuh 끄뚜주ㅎ
8	Delapan 들라빤	Kedelapan 끄들라빤
9	Sembilan 슴빌란	Kesembilan 끄슴빌란
10	Sepuluh 스뿔루ㅎ	Kesepuluh 끄스뿔루ㅎ
11	Sebelas 스블라ㅅ	Kesebelas 끄스블라ㅅ
12	Duabelas 두아블라ㅅ	Kedua belas 끄두아 블라ㅅ
20	Dua puluh 두아 뿔루ㅎ	Kedua puluh 끄두아 뿔루ㅎ
21	Dua puluh satu 두아 뿔루ㅎ 사뚜	Kedua puluh satu 끄두아 뿔루ㅎ 사뚜
100	Seratus 수라뚜ㅅ	Keseratus 끄수라뚜ㅅ
1,000	Seribu 스리부	Keseribu 끄스리부

숫자	인도네시아어 / 읽는 발음	순서 숫자(사수사) / 읽는 발음
10,000	Sepuluh ribu 스뿔루ㅎ 리부	Kesepuluh ribu 끄스뿔루ㅎ 리부
100,000	Seratus ribu 스라뚜ㅅ 리부	Keseratus ribu 끄스라뚜ㅅ 리부
1,000,000	Sejuta 스주따	Kesejuta 끄스주따
10,000,000	Sepuluh juta 스뿔루ㅎ 주따	Kesepuluh juta 끄스뿔루ㅎ 주따
100,000,000	Seratus juta 스라뚜ㅅ 주따	Keseratus juta 끄스라뚜ㅅ 주따

2. 한국어 숫자(Angka Korea)

인도네시아어 읽는 숫자	한국어 읽는 숫자 / 한국어 발음	세는 숫자 / 한국어 발음	한국어 순서 숫자(사수사) / 한국어 발음
1	일 il	하나(한) Hana (han)	첫(번)째 Cheot(beon)cae
2	이 I	둘(두) Dul(du)	두(번)째 Du(beon)cae
3	삼 sam	셋(세) Set(se)	세(번)째 Se(beon)cae
4	사 Sa	넷(네) Net(ne)	네(번)째 Ne(beon)cae
5	오 O	다섯 Daseot	다섯(번)째 daseot(beon)cae
6	육 Yuk	여섯 Yeoseot	여섯(번)째 Yeoseot(beon)cae

주로 사용하는 단어 Kosakata

인도네시아어 읽는 숫자	한국어 읽는 숫자 / 한국어 발음	세는 숫자 / 한국어 발음	한국어 순서 숫자(사수사) / 한국어 발음
7	칠 Chil	일곱 Ilgob	일곱(번)째 Ilgob(beon)cae
8	팔 Phal	여덟 Yeodoel	여덟(번)째 Yeodoel(beon)cae
9	구 Gu	아홉 Ahob	아홉(번)째 Ahob(beon)cae
10	십 Sib	열 Yeol	열(번)째 Yeol(beon)cae
11	십일 Sibil	열하나 Yeolhana	열한(번)째 Yeolhana(beon)cae
12	십이 Sibi	열둘 Yeoldul	열두(번)째 Yeoldul(beon)cae
20	이십 Isib	스물 Seumul	스무(번)째 Seumul(beon)cae
21	이십일 Isibil	스물하나 Seumulhana	스물한(번)째 Seumulhana(beon)cae
100	백 Baek	백 Baek	백(번)째 Baek(beon)cae
1,000	천 Cheon	천 Cheon	천(번)째 Cheon(beon)cae
10,000	만 Man	만 Man	만(번)째 Man(beon)cae
100,000	십만 Sibman	십만 Sibman	십만(번)째 Sibman(beon)cae
1,000,000	백만 Baekman	백만 Baekman	백만(번)째 Baekman(beon)cae
10,000,000	천만 Cheonman	천만 Cheonman	천만(번)째 Cheonman(beon)cae

인도네시아어 읽는 숫자	한국어 읽는 숫자 / 한국어 발음	세는 숫자 / 한국어 발음	한국어 순서 숫자(사수사) / 한국어 발음
100,000,000	억 Eok	억 Eok	억(번)째 Eok(beon)cae

제3과 시간 *Waktu*

한국어 / 한국어 발음	인도네시아어 / 인도네시아어 발음
년 nyeon	Tahun 따훈
금년 Geumnyeon	Tahun ini 따훈 이니
내년 Naenyeon	Tahun depan 따훈 드빤
작년 Jangnyeon	Tahun lalu 따훈 랄루
달, 월 Dal, weol	Bulan 불란
이달 Idal	Bulan ini 불란 이니
다음달 Daeumdal	Bulan depan 불란 드빤

주로 사용하는 단어 Kosakata

한국어 / 한국어 발음	인도네시아어 / 인도네시아어 발음
지난달 Jinandal	Bulan lalu 불란 랄루
오늘 Oneul	Hari ini 하리 이니
내일 Naeil	Besok 베속
어제 Eohe	Kemarin 끄마린
시 Si	Jam 잠
분 Bun	Menit 므닛
초 Cho	Detik 드띡
일 Il	Hari 하리
월요일 Weolyoil	Senin 스닌
화요일 Hwayoil	Selasa 슬라사
수요일 Suyoil	Rabu 라부
목요일 Mokyoil	Kamis 까미ㅅ
금요일 Geumyoil	Jumat 줌앗
토요일 thoyoil	Sabtu 삽뚜
일요일 Olyoil	Minggu 밍구

한국어 / 한국어 발음	인도네시아어 / 인도네시아어 발음
주 Ju	Minggo / Pekan 밍구 / 쁘깐
이번 주 Ibeonju	(Minggo / Pekan) ini (밍구 / 쁘깐) 이니
다음 주 Daeumju	(Minggo / Pekan) depan (밍구 / 쁘깐) 드빤
지난주 Jinanju	(Minggo / Pekan) lalu (밍구 / 쁘깐) 랄루
일월 Ilweol	Januari 자누아리
이월 Iweol	Februari 페브루아리
삼월 Samweol	Maret 마릇
사월 Saweol	April 아쁘릴
오월 Oweol	Mei 메이
유월 Yuweol	Juni 주니
칠월 chilweol	Juli 줄리
팔월 Phalweol	Agustus 아구ㅅ뚜ㅅ
구월 Guweol	September 셉뗌브ㄹ
십월 Sibweol	Oktober 옥또브ㄹ
십일월 Sibilweol	November 노벰브ㄹ

주로 사용하는 단어 Kosakata

한국어 / 한국어 발음	인도네시아어 / 인도네시아어 발음
십이월 Sibiweol	Desember 데셈브르
봄 Bom	Musim semi 무심 스미
여름 Yeoreum	Musim panas 무심 빠나ㅅ
가을 Gaeul	Musim gugur 무심 구구ㄹ
겨울 Gyeoul	Musim dingin 무심 딩인
우기 Ugi	Musim penghujan 무심 쁭후잔
건기 Geongi	Musim kering 무심 끄링

제4과 색깔 Warna (인도네시아인을 위한)

한국어 / 한국어 발음	인도네시아어 / 인도네시아어 발음
빨강색 Palgansaek	Merah 메라ㅎ
흰색 Hwinsaek	Putih 뿌띠ㅎ

한국어 / 한국어 발음	인도네시아어 / 인도네시아어 발음
하늘색 Haneulsaek	Biru langit 비루 랑잇
초록색 Choroksaek	Hijau 히자우
검정색 Geonjeongsaek	Hitam 히땀
분홍색 Bunhongsaek	Merah muda 메라ㅎ 무다
회색 Hwisaek	Abu-abu 아부아부
노랑색 Norangsaek	Kuning 꾸닝
갈색 Galsaek	Cokelat 초끌랏
곤색 Gonsaek	Biru gelap, navy 비루 글랍, 나비
보라색 Borasaek	Ungu 웅우
주황색 Juhwangsaek	Jingga 징가
오렌지색 Orenjisaek	Oranye 오렌ㅈ

제5과 방향 *Arah*

주로 사용하는 단어 Kosakata

한국어 / 한국어 발음	인도네시아어 / 인도네시아어 발음
동쪽 Dongcok	Timur 띠무르
서쪽 Seocok	Barat 바랏
남쪽 Namcok	Selatan 슬라딴
북쪽 Bukcok	Utara 우따라
위쪽 Wicok	Atas 아따ㅅ
밑쪽 Mitcok	Bawah 바와ㅎ
아래쪽 Araecok	Bawah 바와ㅎ
왼쪽 Wencok	Kiri 끼리
오른쪽 Oreuncok	Kanan 까난
앞쪽 Apcok	Depan 드빤
뒤쪽 Dwicok	Belakang 블라깡

한국어 / 한국어 발음	인도네시아어 / 인도네시아어 발음
옆쪽 Yeobcok	Samping 삼삥
안쪽 Ancok	Dalam 달람
바깥쪽 Bakkatcok	Luar 루아르

제6과 측량단위 *Pengukuran*

한국어 / 한국어 발음	인도네시아어 / 인도네시아어 발음
길이 Gilli	Panjang 빤장
넓이 neolbi	Luas 루아ㅅ
높이, 키 Nopphi, khi	Tinggi 띵기
미리미터 Milimitheo	Milimeter 밀리메뜨르
센티미터 senthimitheo	Sentimeter 센띠메뜨르

주로 사용하는 단어 Kosakata

한국어 / 한국어 발음	인도네시아어 / 인도네시아어 발음
미터 Mitheo	Meter 메뜨르
킬로미터 Khillomitheo	Kilometer 킬로메뜨르
무게 Muge	Berat 브랏
그램 Geraem	Gram 그람
킬로그램 Khillogeuraem	Kilogram 킬로그람
톤 Thon	Ton 똔
근 Geun	600 그램 근
온도 Ondo	Suhu 수후
습도 Seubdo	Kelembapan 끌름바빤
도 Do	Derajat 드라잣
화폐 hwaphye	Uang 우앙
바트 Batheu	Bat 밧
원 Weon	Won 원
루피아 Ruphia	Rupiah 루삐아ㅎ
달라 Dalla	Dollar 돌라르

제7과 신체 *Anggota Tubuh / Badon*

한국어 / 한국어 발음	인도네시아어 / 인도네시아어 발음
머리 Meori	Kepala 끄빨라
눈 Nun	Mata 마따
귀 Gwi	Telinga 뜰링아
코 Kho	Hidung 히둥
입 Ib	Bibir 비비르
이 I	Gigi 기기
목 Mok	Leher 레헤르
어깨 eokkae	Pundak 뿐닥
팔 Phal	Lengan 릉안
손 Son	Tangan 땅안
손까락 Sonkkarak	Jari tangan 자리 땅안
유방 Yubang	Payudara 빠유다라

주로 사용하는 단어 Kosakata

한국어 / 한국어 발음	인도네시아어 / 인도네시아어 발음
배꼽 Baekkob	Pusar 뿌사르
엉덩이 Eongdongi	Pantat, bokong 빤땃, 보꽁
다리 Dari	Kaki 까끼
발 Bal	Kaki 까끼
발가락 Balkkarak	Jari kaki 자리까끼
살 Sal	Kulit 꿀릿
뼈 Pyeo	Tulang 뚤랑
허리 heori	Pinggang 삥강

제8과 의학 Obat

한국어 / 한국어 발음	인도네시아어 / 인도네시아어 발음
의사 Euisa	Dokter 독뜨르

한국어 / 한국어 발음	인도네시아어 / 인도네시아어 발음
약사 Yaksa	Apoteker 아뽀떼끄ㄹ
간호사 Ganhosa	Perawat 쁘라왓
병원 Byeongweon	Rumah sakit 루마ㅎ 사낏
약국 Yakguk	Apotik 아뽀떡
병 Byeong	Penyakit 쁘냐낏
당뇨병 Dangnyobyeong	Diabetes 디아베뜨ㅅ
암 Am	Kanker 깐끄ㄹ
전염병 Jeonyeombyeong	Penyakit menular 쁘냐낏 므눌라ㄹ
감기 Gamgi	Demam 드맘
심장병 simjangbyeong	Penyakit jantung 쁘냐낏 잔뚱
피부병 Phibubyeong	Penyakit kulit 쁘냐낏 꿀릿
관절염 Gwajeolyeob	Artritis 아ㄹ뜨리띠ㅅ
약 Yak	Obat 오밧
물약 Mulyak	Obat sirup 오밧 시룹
알약 Alyak	Obat tablet 오밧 따블렛

주로 사용하는 단어 Kosakata

한국어 / 한국어 발음	인도네시아어 / 인도네시아어 발음
설사약 Seolsayak	Obat diare 오밧디아레
수면제 Sumyeonje	Obat tidur 오밧띠두ㄹ
가루약 Garuyak	Obat serbuk 오밧스ㄹ북
보약 Boyak	Obat sehat 오밧 세핫
감기약 Gamgiyak	Obat demam 오밧 드맘
소화제 Sohwaje	Obat pencernaan 오밧 쁜츠ㄹ나안
혈압 Hyeolab	Tekanan darah 뜨까난 다라ㅎ
고혈압 Gohyeolab	Tekanan darah tinggi 뜨까난 다라ㅎ 띵기
저혈압 Jeohyeolab	Tekanan darah rendah 까난 다라ㅎ 른다ㅎ
입원 Ibweon	Rawat inap, opname 라왓이납, 옵나므
퇴원 Thweweon	Pulang rawat inap 뿔랑 라왓 이납

제9과 교통 *Lalu Lintas*

한국어 / 한국어 발음	인도네시아어 / 인도네시아어 발음
차 Cha	Mobil 모빌
자동차 Jadongcha	Mobil 모빌
자가용 Jagayong	Mobil 모빌
버스 Beoseu	Bis 비ㅅ
고속버스 Gosokbeoseu	Bis ekspres 비ㅅ 엑스프레ㅅ
기차 Gicha	Kereta api 끄레따 아삐
전동차 Jeondongcha	Kereta mesin 끄레따 므신
지하철 Jihwacheol	Kereta bawah tanah 끄레따 바와ㅎ 따나ㅎ
택시 Thaeksi	Taksi 딱시
자전거 Jajeongeo	Sepeda 스뻬다
오토바이 Othobai	Sepeda motor 스뻬다ㅎ 모또ㄹ

주로 사용하는 단어 Kosakata

한국어 / 한국어 발음	인도네시아어 / 인도네시아어 발음
화물차 Hwamulcha	Truk 뜨룩
비행기 Bihaenggi	Pesawat terbang / Kapal terbang 쁘사왓 뜨ㄹ방 / 까빨 뜨ㄹ방
배 Bae	Kapal / Kapal laut 까빨 / 까빨 라웃
버스정거장 Beoseujeonggeojang	Setopan bis / Pemberhentian Bis 스또빤 비ㅅ / 쁨브ㄹ흔띠안 비ㅅ
기차역 gichayeok	Stasiun kereta api 스따시운 끄레따 아삐
전철역 Jeoncheolyeok	Stasiun kereta 스따시운 끄레따
공항 Gonghang	Bandara / Lapongan terbang 반다라 / 라빵안 뜨ㄹ방
항구 Hanggu	Pelabuhan 쁠라부한
주유소 juyuso	Pom bensin, SPBU 뽐벤신, 에ㅅ뻬베우

제10과 일상생활용품

Barang Kebutuhan Sehari-hari

1. 사용품(Barang-barang yang dipakai Tekstil & Perabotan)

한국어 / 한국어 발음	인도네시아어 / 인도네시아어 발음
옷 Ot	Baju 바주
옷장 Otjang	Lemari pakaian 르마리 빠까이안
저고리 Jeogori	Jaket Korea 자껫 꼬레아
바지 Baji	Celana 쯜라나
치마 Chima	Rok 록
모자 moja	Topi 또삐
장갑 Janggab	Sarung tangan 사룽 땅안
고무장갑 Gomujanggab	Sarung tangan karet 사룽 땅안 까렛
가죽장갑 Gajukjanggab	Sarung tangan kulit 사룽 땅안 꿀릿
양말 Yangbal	Kaos kaki 까오ㅅ 까끼

주로 사용하는 단어 Kosakata

한국어 / 한국어 발음	인도네시아어 / 인도네시아어 발음
신발 Sinbal	Sepatu 스빠뚜
구두 Gudu	Sepatu 스빠뚜
고무신 Gomusin	Sepatu karet 스빠뚜 까렛
운동화 Undonghwa	Sepatu olahraga 스빠뚜 까렛
슬리퍼 Seullipheo	Sandal 산달
침대 Chimdae	Ranjang, tempat tidur 란장, 뜸빳 띠두ㄹ
요, 담요 Yo, damyo	Selimut 슬리뭇
이불 Ibul	Selimut 슬리뭇
베개 Begae	Bantal 반딸
화장품 Hwajangphum	Kosmetik 꼬ㅅ메딕
면도기 Myeondogi	Pencukur 쁜쭈꾸ㄹ
면도크림 Myeondokheurim	Krim cukur 끄림 쭈꾸ㄹ
치약 Chiyak	Pasta gigi 빠ㅅ따 기기
칫솔 Chitsol	Sikat gigi 시깟 기기
비누 Binu	Sabun 사분

한국어 / 한국어 발음	인도네시아어 / 인도네시아어 발음
세수비누 Sesubinu	Sabun cuci muka 사분 쭈찌 무까
빨래비누 Pallaebinu	Sabun cuci 사분 쭈찌
세탁기 Sethakki	Mesin cuci 므신 쭈찌
다리미 Darimi	Setrika 스뜨리까
거울 Geoul	Kaca 까차
빗 Bit	Sisir 시시ㄹ
냉장고 Naengjanggo	Kulkas / Lemari Es 꿀까ㅅ / 르마리 에ㅅ
시계 Sigye	Arloji, tam jangan 아를로지, 땀 장안
전화기 Jeonhwagi	Telepon 뜰르뽄
핸드폰 Haedeuphon	Handphone / HP 핸뽄 / 하뻬
카메라 Khamera	Kamera 까메라
필름 Philleum	Film 필름
화장지 Hwajangji	Tisu toilet 띠슈 또일렛
그릇 Geureut	Wadah 와다ㅎ
잔 Jan	Gelas 글라ㅅ

주로 사용하는 단어 Kosakata

한국어 / 한국어 발음	인도네시아어 / 인도네시아어 발음
젓가락 jeotkarak	Sumpit 숨삣
숟가락 Sutkarak	Sendok 센독
솥 Sol	Sikat 시깟
전기밥솥 Jeongibabsot	Magic Jar, Rice cooker 메직 제ㄹ, 라이ㅅ 꾸끄ㄹ
국솥 Guksot	Sendok sup 센독 숲
칼 Khal	Pisau 삐사우
도마 Doma	Talenan 딸르난
가위 Gawi	Gunting 군띵
냄비 Naembi	Panci 빤찌
후라이팬 Huraiphaen	Wajan 와잔
접시 Jeobsi	Piring 삐링
국자 Gukja	Serok, spatula 세록, 스빠뚤라
주걱 jugeok	Centong nasi 쩬똥나시
싱크대 Singgaedae	Wastafel 와ㅅ따플
믹서기 Mikseogi	Mixer 믹스ㄹ

한국어 / 한국어 발음	인도네시아어 / 인도네시아어 발음
행주 Haengju	Lap 랍
병따개 Byeongttagae	Kotrek 꼰뜨렉
선풍기 Seonphunggi	Kipas angin 끼빠ㅅ 앙인
주전자 Jujeonja	Cerek, teko 체렉, 떼까
휴지통 Hyujithong	Kotak tisu 꼬딱 띠슈
포크 Phokheu	Garpu 가ㄹ뿌
식탁, 밥상 Sikthak, babsang	Meja makan 메자 마깐
바구니 Baguni	Keranjang 끄란장
텔레비전 Thellebijeon	Televisi 뗄레비시
컴퓨터 Kheomphyutheo	Komputer 꼼뿌뜨ㄹ
우산 Usan	Payung 빠융
양산 Yangsan	Payung 빠융
수건 Sugeon	Handuk 한둑
손수건 Sonsugeon	Sapu tangan 사뿌 땅안
목욕수건 Mokyoksugeon	Handuk 한둑

주로 사용하는 단어 Kosakata

한국어 / 한국어 발음	인도네시아어 / 인도네시아어 발음
담배 Dambae	Rokok 로꼭
라이터 Raitheo	Pemantik api 쁘만띡 아삐
안경 Angyeong	Kacamata 까짜마따
선그라스 Seongeuraseu	Kacamata hitam 까짜마따 히땀
반지 Banji	Cincin 찐찐
목걸이 Mokkeori	Kalung 깔룽
의자 Euija	Kursi 꾸르시
책상 Chaeksang	Meja 메자
에어컨 Eeokheon	AC 아세
욕조 Yokjo	Bak mandi 박 만디
변기 Byeongi	WC 웨세
샴푸 Syamphu	Sampo 삼뽀
샤워기 Syaweogi	Shower 소웨르
세면대 Semyeondae	Toilet 또일렛
로션 Losyeon	Lotion 로시은

한국어 / 한국어 발음	인도네시아어 / 인도네시아어 발음
립스틱 Lipseuthik	Lisptik 립스떡
매니큐어 Maenikhyueo	Manikur 메니큐ㄹ
향수 Hyangsu	Minyak wangi 미냑 왕이
생리대 Saengridae	Pembalut 뻠발룻
기저귀 Gijeogwe	Popok 뽀뽁
젖병 Jeotbyeong	Botol bayi 보똘 바이
유즙기 Yujeubgi	Alat sedok ASI 알랏 스돗 아시
유모차 Gumocha	Gokar 고까ㄹ
장난감 Jangnangam	Mainan 마이난
턱받이 Theokbatdi	Celemek 쯜르멕
파우더 Phaudeo	Bubut tabur 부북 따부ㄹ

2. 식용품(Barang-barang yang dikonsumsiMakanan & Obat.)

한국어 / 한국어 발음	인도네시아어 / 인도네시아어 발음
아침(밥) Achim(bab)	Sarapan pagi 사라빤 빠기

주로 사용하는 단어 Kosakata

한국어 / 한국어 발음	인도네시아어 / 인도네시아어 발음
점심(밥) Jeomsim(bab)	Makan siang 마깐 시앙
저녁(밥) Jeonyeok(bab)	Makan malam 마깐 말람
음식 Eumsik	Makanan 마까난
메뉴 Menyu	Menu 메뉴
밥 Bab	Nasi 나시
국 Guk	Sup 숩
쌀 Ssal	Beras 브라ㅅ
보리 Bori	Sekam 스깜
기름 Gireum	Minyak 미냑
소금 Sogeum	Garam 가람
설탕 Seolthang	Gula 굴라
고추 Gochu	Cabe 차베
간장 Ganjang	Kecap 께짭
된장 Dwenjang	Tauco 따우쪼
계란 Gyeran	Telur 뜰루ㄹ

한국어 / 한국어 발음	인도네시아어 / 인도네시아어 발음
야채 Yachae	Sayuran 사유란
양파 Yangpha	Bawang 바왕
마늘 Maneul	Bawang putih 바왕 뿌띠ㅎ
두부 Dobu	Tofu, tahu 또푸, 따후
콩 Khong	Kacang 까창
땅콩 Ttangkhong	Kacang tanah 까창 따나ㅎ
빵 Pang	Roti 로띠
라면 Ramyeon	Mie 미
국수 Guksu	Bakmi 박미
멸치 Myeolchi	Teri 뜨리
고기 Gogi	Daging 다깅
소고기 Sogogi	Daging sapi 다깅 사삐
돼지고기 Dwejigogi	Daging babi 다깅 바비
닭고기 Dalkgogi	Daging ayam 다깅 아얌
물고기(생선) Mulgogi(saengseon)	Ikan 이깐

주로 사용하는 단어 Kosakata

한국어 / 한국어 발음	인도네시아어 / 인도네시아어 발음
회 Hwe	Ikan mentah 이깐 믄따ㅎ
토마토 Thomatho	Tomat 또맛
고구마 Goguma	Ubi 우비
감자 Gamja	Kentang 끈땅
과일 Gwail	Buah-buahan 부아ㅎ-부아한
포도 Phodo	Anggur 안구ㄹ
사과 Sagwa	Apel 아쁠
배 Bae	Pir 삐ㄹ
감 Gam	Kesemek 끄스믁
수박 Subak	Semangka 스망까
바나나 Banana	Pisang 삐상
오렌지 Oraenji	Jeruk 즈룩
두리안 durian	Durian 두리안
망고 Mango	Mangga 망가
술, 약주 Sul, yakju	Bir, alkohol 비ㄹ, 알꼬홀

제3부 주로 사용하는 단어 225

한국어 / 한국어 발음	인도네시아어 / 인도네시아어 발음
양주 Yangju	Bir 비ㄹ
소주 Soju	Soju, bir 소주, 비ㄹ
맥주 Maekju	Mekju, bir 맥주, 비ㄹ
주스 Juseu	Jus 주ㅅ
콜라 Kholla	Coca cola 꼬까 꼴라
우유 Uyu	Susu 수수
커피 Kheophi	Kopi 꼬삐
김치 Kimchi	Kimchi, asinan 낌치, 아시난
삼겹살 Samgyeobsal	Daging babi bakar 다깅 바비 바까르
삼계탕 Samgyethang	Samgyetang 삼계탕
불고기 Bulgogi	Bulgogi 불고기
반찬 Banchan	Lauk pauk 라욱빠욱
한식 Hansik	Makanan korea 마까난 꼬레아
양식 Yangsik	Makanan barat 마까난 바랏
전통음식 Jeonthongeumsik	Makanan tradisional 마까난 뜨라디셔날
음료수 Eumryosu	Minuman 미누만

제4부 주요 대화
Percakapan

- 제1과 인사(Salam)
- 제2과 소개(Perkenalan)
- 제3과 감사와 사과 표현
        (Espresi Berterimakasih dan Meminta maaf)
- 제4과 부탁이나 권유(Permintaan dan Ajakan)
- 제5과 집에서 식사할 때
        (Pada waktu makan di rumah)
- 제6과 외식할 때(Pada waktu makan di luar)
- 제7과 교통(Lalu Lintas)
- 제8과 전화 사용(Menelepon)
- 제9과 약국에서(Di apotek)
- 제10과 병원에서(Di rumah sakit)
- 제11과 호텔에서(Di hotel)
- 제12과 미용실에서(Di salon kecantikan)
- 제13과 공항에서(Di bandara udara)
- 제14과 우체국에서(Di kantor pos)
- 제15과 가게에서(Di toko)

제1과 (Bab 1) 인사 *Salam*

- ▸ (아침 인사) Selamat Pagi.
  (아침 인사) 슬라맛   빠기
  안녕하세요.
  Annyeonghaseyo.
  – (오후 인사 11시–3시) Selamat Siang
  　　　　　　　　　　　슬라맛   시앙
  – (오후 인사 3시반–6시) Selamat Sore
  　　　　　　　　　　　　슬라만   소레
  – (저녁 인사 6시반 이후) Selamat Malam
  　　　　　　　　　　　　슬라맛   말람

- ▸ Nama saya Adi.
  　나마   사야   아디
  제 이름은 아디이예요.
  Je ireumeun adiiyeyo.

- ▸ Nama anda siapa?
  　나마 안다 시아빠?
  이름이 무엇이지요?
  Ireumi mueosijiyo?

- ▸ Nama saya Kim Se Mi.
  　나마   사야   김세미
  제 이름은 김세미예요.
  Je ireumeun kinsemiyeyo.

주요 대화 Percakapan

- Senang bertemu anda.
  스낭 브ㄹ뜨무 안다
  알게 되어 반가워요.
  Alge dweeo bangaweoyo.

- Saya juga/Sama halnya dengan saya.
  사야 주가/사마   할냐   등안   사야
  저도 마찬가지예요.
  Jeodo machangajiyeyo

- Umur saya 25 tahun.
  우무ㄹ 사야   두아 뿔루ㅎ 리마(25) 따훈
  저는 25살이예요.
  Jeoneun sumuldaseo (25) sal iyeyo.

- Bagaimana dengan anda?
  바가이마나   등안   안다?
  그럼 당신은요?
  Geureom dansineunyo?

- Saya berumur 25 tahun.
  사야 브ㄹ우무ㄹ 두아 뿔루ㅎ 리마(25)따훈
  저는 25살이예요.
  Jeoneun sumuldaseo(25)iyeyo.

- Apakah sudah menikah?
  아빠까ㅎ   수다ㅎ   므니까ㅎ?
  결혼했어요?
  Gyeolhonhasseoyo?

- Saya masih belum menikah.
  사야   마시ㅎ 블룸   므니까ㅎ
  아직 미혼이예요.
  Ajik mihoniyeyo?

- Saya sudah menikah.

  사야 수다ㅎ 므니까ㅎ

  나는 결혼했어요.
  Naneun gyeolhonhaesseoyo.

- Berapa anggota keluarga anda?

  브라빠 앙고따 끌루아ㄹ가 안다?

  자식이 몇 명이예요?
  Jasikki myeot myeongiyeyo?

- Saya punya anak laki-laki satu, anak perempuan dua.

  사야 뿐야 아낙 라끼 라끼 사뚜, 아낙 쁘름뿌안 두아

  아들 하나 딸 두 명이예요.
  Adeul hana ttal du myeongiyeyo.

- Saya guru.

  사야 구루

  저는 선생이예요.
  Jeoneun seonsaengiyeyo.

- Saya pegawai kantor.

  사야 쁘가와이 깐또ㄹ

  저는 회사 직원이예요.
  Jeoneun hwesa jikwoniyeyo.

- Sampai bertemu lagi.

  삼빠이 브ㄹ뜨무 라기

  다음에 또 만나요.
  Daeume tto mannayo.

- Ya, sampai jumpa.

  야, 삼빠이 줌빠

  네, 안녕히 가세요.
  Ne, annyeonghi ga seyo.

주요 대화 Percakapan

제2과 (Bab 2) 소개 Perkenalan

- (아침 인사) Selamat Pagi.
  슬라맛   빠기
  안녕하세요.
  Annyeonghaseyo.
  - (오후 인사 11시-3시) Selamat siang
    슬라맛   시앙
  - (오후 인사 3시반-6시) Selamat Sore
    슬라만   소레
  - (저녁 인사 6시반 이후) Selamat Malam
    슬라맛   말람

- Saya akan memperkenalkan teman saya.
  사야 아깐 음쁘ㄹ끄낭깐   뜨만   사야
  친구를 소개하겠어요.
  Chingureul sogaehagesseoyo.

- Ini teman Indonesia saya.
  이니 뜨만   인도네시아   사야
  인도네시아 친구예요.
  Indonesia chingyeyo.

- Perkenalkan nama saya Olia.
  쁘ㄹ끄날깐   나마 사야 올리아
  안녕하세요 제 이름은 올리아 이예요.
  Annyeonghaseyo je ireumeun ollia iyeyo.

‣ Nama saya Kim Se Mi. Senang berkenalan dengan anda.
　나먀　　사야　김세미.　　스낭　브ㄹ끄닐란　등안　안다
　제 이름은 김세미예요. 알게 되어 반가워요.
　Je ireumeun kimsemiyeyo. Alge dweeo bangaweoyo

‣ Saya juga.
　사야 주가
　저도 마찬가지예요.
　Jeodo machangajiyeyo.

‣ Mengapa ke Indonesia?
　믕아빠　　끄　인도네시아?
　어떻게 인도네시아에 왔어요?
　Eotteokke indonesiae wasseoyo?

‣ Karena pekerjaan.
　까르나　　쁘끄ㄹ자안
　일하러 왔어요.
　Ilhaseo wasseoyo.

‣ Apa pekerjaan anda?
　아빠　쁘끄ㄹ자안　　안다?
　무슨 일을 하세요?
　Museum illeul haseyo?

‣ Saya pegawai perusahaan Korea.
　사야　쁘가와이　　쁘루사하안　　꼬레아
　한국 지사 직원이예요.
　Hangguk jisa jikweoniyeyo.

‣ Ke sini bersama keluarga?
　끄 시니　브ㄹ사마　끌루아ㄹ가?
　가족도 같이 왔지요?
　Gajokdo gatchi watjiyo?

주요 대화 Percakapan

- Ya, datang bersama.
  야, 다땅 브ㄹ사마
  네, 같이 왔어요.
  Ne, gatchi wasseoyo.

- Berapa jumlah anggota keluarga anda?
  브라빠 줌라ㅎ 앙고따 끌루아ㄹ가 안다?
  자식이 몇 명이예요?
  Jasikki myeot myeongiyeyo?

- Andak laki-laki satu, anak perempuan dua.
  아낙 라끼 라끼 사뚜, 아낙 쁘름뿌안   두아
  아들 한 명과 딸 한 명 있어요.
  Adeul han myeonggwa ttal han myeong isseoyo.

- Apakah anda bisa berbahasa Indonesia?
  아빠까ㅎ 안다 비사 브ㄹ바하사   인도네시아
  자제분은 인도네시아어를 말 할 수 있어요?
  Jajebuneun indonesiaeoreul mal hal su isseoyo?

- Sekarang sedang bekerja.
  스까랑   스당   브끄ㄹ자
  지금 배우고 있어요.
  Jigeum baeugo isseoyo.

- Dimana anda tinggal?
  디마나 안다 띵갈?
  댁이 어디에 있어요?
  Daeki eodie isseoyo?

- Di Jongro sam(3) ga.
  디 종로 삼(3)   가
  종로 3가에 있어요.
  Jongro samgae isseoyo.

▸ Sekarang saya harus berangkat bekerja.
  스까랑   사야   하루ㅅ 브랑깟   브끄ㄹ자
  이제 일하러 가야 해요.
  Ije ilhareo gaya haeyo.

▸ Sampai jumpa lagi. Selamat jalan.
  삼빠이   줌빠   라기 슬라맛   잘란
  다음에 다시 만나요 안녕히 계세요.
  Daeume dasi mannayo annyeonghi gyeseyo.

▸ Tentu saja. Selamat jalan.
  뜬뚜   사자 슬라맛   잘란
  물론이지요 안녕히 가세요.
  Mullonijiyo annyeonghi gaseyo.

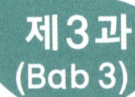

감사와 사과 표현

Ekspresi Berterimakasih dan Meminta maaf

▸ Terimakasih.
  뜨리마까시ㅎ
  고마워요.
  Gomaweoyo.

주요 대화 Percakapan

▸ Terimakasih telah membantu saya.
뜨리마까시ㅎ　뜰라ㅎ 므반뚜　사야
도와주어서 고마워요.
Dowajueoseo gomaweoyo.

▸ Terimakasih.
뜨리마까시ㅎ
감사해요.
Kamsahaeyo.

▸ Terimakasih telah meminjami saya uang.
뜨리마까시ㅎ　뜰라ㅎ 므민자미　사야　우앙
돈을 빌려주셔서 감사해요.
Donneul billyeojusyeoseo kamsahaeyo.

▸ Maaf.
마아ㅍ
미안해요.
Mianhaeyo.

▸ Maaf saya datang terlambat.
마아ㅍ 사야 다땅 뜨ㄹ람밧
늦게 와서 미안해요.
Neukke waseo mianhaeyo.

▸ Maaf.
마아ㅍ
죄송해요.
Jwesonghaeyo.

▸ Maaf telah merepotkan ibu/bapak guru.
마아ㅍ 뜰라ㅎ 므레폿깐　이부/바빡　구루
선생님께 폐를 끼쳐서 죄송해요.
Seonsaengnimkke phyereul kkichyeoseo jwesonghaeyo.

▸ Tolong dimaafkan/Tolong maafkan saya.
똘롱 디마아ㅍ깐/ 똘롱 마앞깐 사야
용서해 주세요.
Yongseohae juseyo.

▸ Tidak apa-apa.
띠닥 아빠 아빠
괜찮아요.
Kwaenchannayo.

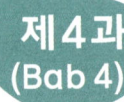

제4과 (Bab 4) 부탁이나 권유 *Permintaan dan Ajakan*

▸ Boleh saya masuk?
볼레ㅎ 사야 마숙?
들어가도 돼요?
Deuleogado dwaeyo?

▸ Tunggu sebentar.
뚱구 스븐따ㄹ
잠깐만 기다리세요.
Jamkkanman gidariseyo.

▸ Selamat Datang.
슬라맛 다땅
어서 오세요.
Eoseo oseyo.

주요 대화 Percakapan

▸ Selamat Datang.
  슬라맛 다땅
  기꺼이 환영해요.
  Gikkeoi hwanyeonghaeyo.

▸ Silahkan duduk.
  시라ㅎ깐 두둑
  앉으세요.
  Anjeuseyo.

▸ Mau minum apa?
  마우 미눔 아빠?
  무슨 음료수를 드시겠어요?
  Museum eumryosureul deusigesseoyo?

▸ Boleh minta secangkir kopi/Tolong secangkir kopi.
  볼레ㅎ 민따 스짱끼ㄹ 꼬삐/ 똘롱 스짱끼ㄹ 꼬삐
  커피 한 잔 주세요.
  Khophi han kheob juseyo.

▸ Boleh minta segelas air dingin/Tolong segelas air dingin.
  볼레ㅎ 민따 스글라스 아이ㄹ 딩인/ 똘롱 스글라스 아이ㄹ 딩인
  시원한 물로 한 컵 주세요.
  Naengsudo han kheob juseyo.

▸ Boleh saya merokok?
  볼레ㅎ 사야 므로꼭?
  담배 피워도 돼요?
  Dambae phiweodo dwaeyo?

▸ Di sini (tidak boleh/dilarang) merokok.
  디 시니 (띠닥 볼레ㅎ/ 디라랑) 므로꼭
  여기서는 담배를 피울 수 없어요.
  Yeogiseoneun danbaereul phiul su eobseoyo.

- Ada (ruang/tempat) untuk merokok.
  아다 (루앙/ 뜸빳) 운뚝 므로꼭
  흡연실에 따로 있어요.
  Heubyeonsille ttaro isseoyo.

- Silahkan merokok di ruangan khusus.
  시라ㅎ깐 므로꼭 디 루앙안 쿠수ㅅ
  흡연실에 가서 담배를 피우세요.
  Heubyeonsille gaseo ambaereul phiuseyo.

- Silahkan pergi kesana.
  시라ㅎ깐 쁘르기 끄사나
  저 쪽으로 가세요.
  Jeo cokeuro gaseyo.

- Bisa perlihatkan contohnya?
  비사 쁘르리핫깐 쫀똔냐?
  견본 좀 보여주시겠어요?
  Gyeonbon jom boyeojusigesseoyo?

- Selamat Pagi/Siang/Sore/Malam kenapa datang terlambat.
  슬라맛 빠기/ 시앙/ 소레/ 말람 끄나빠 다땅 뜨ㄹ람밧
  안녕하세요 왜 이렇게 늦게 왔어요?
  Annyeonghaseyo wae ireokke neukke wayo?

- Tolong jangan telat ya.
  똘롱 장안 뜰랏 야
  약속 시간을 잘 지키세요.
  Yalseok siganeul jal jikhiseyo.

- Lain kali jangan datang terlambat lagi ya.
  라인 깔리 장안 다땅 뜨ㄹ람밧 라기 야
  앞으로 또 늦게 오지 마세요.
  Apheuro tto neukke ojimaseyo.

주요 대화 Percakapan

- Jangan marah.
  장안   마라ㅎ
  화내지 마세요.
  Hwanaeji maseyo.

- Perasaan saya kurang baik/Saya sedang 'bad mood'.
  쁘라사안   사야 꾸랑   바익/ 사야 스당   '배드 뭇'
  기분이 안 좋아요.
  Gibuni an joayo.

- Saya sedih.
  사야   스디ㅎ
  기분이 우울해요.
  Gibuni uulhaeyo.

- Saya takut.
  사야   따꾸ㅅ
  무서워요.
  Museoweoyo.

- Jangan kecewa.
  장안   끄쩨와
  실망하지 마세요.
  Silmanghaji maseyo.

- Jangan menyerah.
  장안   믄예라ㅎ
  포기하지 마세요.
  Phogihaji maseyo.

- Sabar ⋯ Tolong tenang dulu.
  사바ㄹ ⋯ 똘롱   뜨낭   둘루
  진정하세요.
  Jinjeonghaseyo.

- Bagaimana perasaan anda sekarang?
  바가이마나 쁘라사안 안다 스까랑?
  지금 기분이 어때요?
  Jigeum gibuni eottaeyo?

- (Kelihatannya/Sepertinya) perasaan anda lebih baik.
  (끌리하딴냐/ 스쁘ㄹ띠냐) 쁘라사안 안다 르비ㅎ 바익
  기분이 좋아진 것 같아요.
  Gibuni joajin geot gathayo.

- Lain kali tolong tepat waktu ya/Tolong lain kali tepat waktu ya.
  라인 깔리 똘롱 뜨빳 왁뚜 야/ 똘롱 라인 깔리 뜨빳 왁뚜 야
  앞으로 약속 시간을 잘 지키세요.
  Apheuro yaksok siganeul jal jikhiseyo.

- Jangan khawatir.
  장안 카와띠ㄹ
  걱정하지 마세요.
  Gokjeonghaji maseyo.

- Tolong lain kali tepat waktu ya.
  똘롱 라인 깔리 뜨빳 왁뚜 야
  앞으로 약속 시간을 똑바로 지키겠어요.
  Apheuro yaksok siganeul ttokparo jikhigasseoyo.

- Katakan sejujurnya.
  까따깐 스주주ㄹ냐
  솔직히 말하세요.
  Soljikkhi malhaseyo.

- Ini benar/Ini sungguhnya.
  이니 브나ㄹ/ 이니 스숭구ㅎ냐
  정말이예요.
  Jeongmaliyeyo.

주요 대화 Percakapan

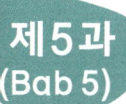

집에서 식사할 때
Pada waktu makan dirumah

▸ Sudah waktunya makan.
  수다ㅎ   왁뚜냐   마깐
  밥 먹을 때가 되었어요.
  Bab meokeul ttaega dweeosseoyo.

▸ Oh sudah waktunya makan(ekspresi terkejut).
  오ㅎ 수다ㅎ   왁뚜냐   마깐
  오 식사 시간은 벌써 되구나.
  O siksa siganeun beolsseodweguna.

▸ Hari ini masak apa?
  하리 이니 마삭   아빠?
  오늘 무엇을 준비했어요?
  Oneul mueoseul junbihaesseoyo?

▸ Saya menyiapkan nasi goreng kesukaanmu.
  사야   믄이앞깐   나시 고렝   끄수까안냐
  나는 당신이 좋아하는 나시고렝을 준비했어요.
  Naneun dangsini joahaneun nasigorengeul junbihaesseoyo.

▸ Wah! Enak sekali.
  와!   에낙   스갈리
  와! 참 맛있겠어요.
  Eo! cham masigesseoyo.

- Makan yang banyak.
  마깐   양   반약
  많이 드세요.
  Manni deuseyo.

- Anda juga makan yang banyak.
  안다 주가 마깐   양   반약
  당신도 많이 드세요.
  Dangsindo manni deuseyo.

- Bagaimana rasanya?
  바가이마나   가라냐?
  맛이 어때요?
  Masi eottaeyo?

- Keahlian anda dalam memasak luar biasa.
  끄아ㅎ리안 안다 달람 므마삭   루아ㄹ 비아사
  당신 요리 솜씨가 참 대단해요.
  Dangsin yori somssiga cham daedanhaeyo.

- Sungguh? Terimakasih banyak.
  숭구ㅎ?   뜨리마ㅎ   반약
  정말요? 대단히 고마워요.
  Jeongmalyo? Daedeanhi gomaweoyo.

- Apa masakan Indonesia yang anda sukai?
  아빠 마사깐   인도네시ㄴ어 양   안다 수까이?
  무슨 인도네시아 음식을 좋아해요?
  MuseumIndonesia eumsikeul joahaeyo?

- Saya suka bakso.
  사야 수까 박소
  박소을 좋아해요.
  Baksoeul joahaeyo.

주요 대화 Percakapan

- Kalau begitu nanti saya buatkan untuk anda.
  깔라우 브기뚜 난띠 사야 부앗깐 운뚝 안다
  그럼 나중에 만들어 줄께요.
  Geureom najunge mandeuleo julkkeyo.

- Akhir-akhir ini anda sangat kurus.
  아키ㄹ 아키ㄹ 이니 안다 상앗 꾸루ㅅ
  요즘 많이 말랐어요.
  Yojeum manni mallasseoyo.

- Makan yang banyak.
  마깐 양 반약
  많이 먹어요.
  Manni meogeoyo.

- Tidak apa-apa, saya tidak mau menjadi gendut.
  띠닥 아빠 아빠, 사야 띠닥 마우 믄자디 근두ㅅ
  괜찮아요 뚱뚱해지기 싫어요.
  Gwaenchanayo ttungttunghaejigi silleoyo.

- Sungguh?
  숭구ㅎ?
  그래요?
  Geuraeyo?

- Apakah hari ini anda menikmati masakannya?
  아빠까ㅎ 하리 이니 안다 므닉마띠 마사깐냐?
  오늘 맛있게 먹었어요?
  Oneul masike meogeosseoyo?

- Saya sungguh makan enak.
  사야 숭구ㅎ 마깐 에낙
  정말로 맛있게 먹었어요.
  Jeongmallo masikke meogeosseoyo.

- Terimakasih sudah menikmati masakan saya.
  뜨리마까시ㅎ 수다ㅎ 므닉마띠 마사깐 사야
  맛있게 먹어주어서 고마워요.
  Masikke meogeojueoseo gomaweoyo.

- Hari ini saya yang cuci piring ya.
  하리 이니 사야 양 쭈찌 삐링 야
  오늘은 내가 설거지 해 줄게요.
  Oneuleun naega seolgeojihae julkeyo.

- Ok/Boleh.
  오케/볼레ㅎ
  그 역시 좋아요.
  Geu yeoksi joayo.

제6과 (Bab 6) 외식할 때 *Pada waktu makan di luar*

- Bagaimana kalau hari ini kita makan keluar?
  바가이마나 깔라우 하리 이니 까따 마깐 끌루아ㄹ?
  오늘 우리 외식하는 게 어때요?
  Oneul uri wesikhaneunge eottaeyo?

- Ya, ayo.
  야, 아요
  네, 좋아요.
  Ne, joayo.

주요 대화 Percakapan

▸ Ingin makan apa?
잉인 마깐 아빠?
무엇이 먹고 싶어요?
Mueosi meogo sipheoyo?

▸ Apa saja boleh.
아빠 사자 볼레ㅎ
무엇이든 다 좋아요.
Mueosideun da joayo.

▸ Bagaimana kalau makan samgyetang?
바가이마나 깔라우 마깐 삼계탕?
삼계탕이 어때요?
Samgyethangi eottaeyo?

▸ Bagaimana rasanya?
바가이마나 라사냐?
맛이 어때요?
Masi eottaeyo?

▸ Enak dan sehat.
에낙 단 스핫
맛있고 건강에도 좋아요.
Masigo geongangedo joayo.

▸ Apakah pedas?
아빠까ㅎ 쁘다ㅅ?
매워요?
Maeweoyo?

▸ Sama sekali tidak pedas.
사마 스깔리 띠닥 쁘다ㅅ
전혀 안 매워요.
Jeonhyeo an maeweoyo.

- OK kalau begitu/Kalau begitu tidak jadi masalah.
  오케 깔라우 브기뚜/ 깔라우 브가뚜 띠닥 자디 마살라ㅎ
  그럼 좋아요.
  Geureom joayo.

- Bagaimana kalau kita juga minum?
  바가이마나 깔라우 까따 주가 미눔
  술도 한 잔 하실래요?
  Suldo han jan hasillaeyo?

- Saya tidak bisa minum.
  사야 띠닥 비사 미눔
  저 술 마실 줄 몰라요.
  Jeo sul masil jul mollayo.

- Hanya sedikit.
  한야 스디낏
  조금만이예요.
  Joheummaniyeyo.

- Halo. Tolong layani pesanannya.
  할로. 똘롱 리야니 쁘사난냐
  여보세요. 와서 주문 받으세요.
  Yeoboseyo. Waseo junun badeuseyo.

- Ingin pesan apa?
  잉인 쁘산 아빠?
  무엇을 주문하시겠어요?
  Mueoseul jumunhasigesseoyo?

- Minta dua samgyetang dan satu botol soju.
  민따 두아 삼계탕 단 사뚜 보똘 소주
  삼계탕 둘과 소주 한 병 주세요.
  Samgyethang dulgwa soju han byeong juseyo.

주요 대화 Percakapan

- Makanan pendamping minumnya?
  마까난　쁜담삥　　　미눔냐?
  Makanan ringannya?
  마까난　　링안냐?
  술 안주는요?
  Sul anjuneunyo?

- Satu porsi cumi goreng.
  사뚜　뽀르씨　쭈미　　고링
  오징어 튀김 하나 주세요.
  Ojingep twigim hana juseyo.

- Samgyetangnya sudah siap.
  삼계탕　　　　　수다ㅎ　시앞
  삼계탕 나왔어요.
  Samgyethang nawasseoyo.

- Hati-hati, panas.
  하띠　하띠,　빠나ㅅ
  뜨거우니 조심하세요.
  Ttaeugeouni josimhaseyo.

- Silahkan makan.
  시라ㅎ깐　　마깐
  맛있게 드세요.
  Masikke deuseyo.

- Terimakasih.
  뜨리마까시ㅎ
  고마워요.
  Gomaweoyo.

- Apakah(Tuan/Bapak/Ibu) menikmati hidangannya?
  아빠까ㅎ (뚜안/ 바빡/ 이부) 므닉마띠 히당안냐?
  맛있게 먹었어요?
  Masikke meoseosseoyo?

- Ya, saya sangat menikmati hidangannya.
  야, 사야 상앗 므닉마띠 히당안냐
  Ya, saya sangat kenyang.
  야, 사야 상앗 끈양
  (더 자연스러운 표현)
  네, 아주 맛있게 먹었어요.
  Ne, aju masikke meogeosseoyo.

- Ingin makan apalagi?
  잉인 마깐 아빨라기?
  뭐 더 먹을래요?
  Mweo deo meogeullaeyo?

- Tidak apa, saya kenyang.
  띠닥 아빠, 사야 끈양
  아니요. 배 불러요.
  Anio. Bae bulleoyo.

- Ingin minum apa?
  잉인 미눔 아빠?
  무슨 음료수 드실래요?
  Museum eumryosu deusillaeyo?

- Minta dua cangkir teh ginseng.
  민따 두아 짱끼ㄹ 뗳 긴셍
  Minta dua teh ginseng.
  민따 두아 뗳 긴셍
  인삼차 두 잔 주세요.
  Insamcha du jan juseyo.

주요 대화 Percakapan

- Semuanya berapa?
  스무아냐   브라빠?
  Berapa totalnya?
  브라빠   또딸냐?
  모두 얼마예요?
  Modu eolmayeyo?

- Dua puluh ribu won.
  두아 뿔루ㅎ 리부 원
  20,000원이예요.
  Imanwoniyeyo.

- Sampai bertemu kembali.
  삼빠이   브르뜨무   끔발리
  Sampai berjumpa di lain waktu.
  삼빠이   브르줌빠   디 라인 왁뚜
  다음에 또 오세요.
  Daeume tto oseyo.

- Ya, terimakasih.
  야,   뜨리마까시ㅎ
  (더 자연스러운 표현)
  네, 안녕히 계세요.
  Ne, annyeonghi gyeseyo.

- Selamat jalan.
  슬라맛   잘란
  안녕히 가세요.
  Annyeonghi gaseyo.

제7과 (Bab 7) 교통 *Lalu Lintas*

- Permisi, dimana tempat perberhentian bis?
  쁘르미시, 디마나 뜸빳 쁘르브르흔띠안 비ㅅ?
  실례지만 버스 정거장이 어디에 있어요?
  Sillyejiman beoseu jonggeohanggi eodieo isseoyo?

- Di sebelah sana.
  디 스블라ㅎ 사나
  저쪽에 있어요.
  Jeocoke isseoyo.

- Jauh dari sini?
  자우ㅎ 다리 시니?
  Dari sini jauh?
  다리 시니 자우ㅎ?
  여기서 멀어요?
  Yeogiseo meolleoyo?

- Sekitar lima(5) menit kalau jalan kaki.
  스끼따ㄹ 리마(5) 므닛 깔라우 잘란 까끼
  걸어서 약 5분 걸려요.
  Geolleoseo yak obun geollyeoyo.

- Apakah anda tahu betul daerah ini?
  아빠까ㅎ 안다 따후 브뚤 다에라ㅎ 이니?
  이 지역을 잘 아세요?
  I jiyeokeul jal aseyo?

주요 대화 Percakapan

- Saya lumayan tahu.
  사야 루마얀 따후
  어느 정도 잘 알아요.
  Eoneu jeongdo jal allayo.

- Bagaimana caranya ke 'Pasar Malam'?
  바가이마나 짜라냐 끄 '빠사ㄹ 말람'
  '빠사ㄹ 말람' 시장을 어떻게 가요?
  'pasar mallam' sijangeul eotteokke gayo?

- Anda bisa pergi dengan bis atau kereta bawah tanah.
  안다 비사 쁘르기 등안 비스 아따우 끄레따 바와ㅎ 따나ㅎ
  버스나 지하철로 가세요.
  Beoseuna jihacheollo gaseyo.

- Naik taksi pun tidak mahal.
  나익 딱시 뿐 띠닥 마하ㄹ
  택시 타도 비싸지 않아요.
  Thaekki thado bissaji annayo.

- Saya harus naik bis nomor berapa?
  사야 하루ㅅ 나익 비스 노모ㄹ 브라빠?

  Bis nomer berapa yang kesana?
  비ㅅ 노모ㄹ 브라빠 양 끄사나?
  몇 번 버스를 타야 해요?
  Myeot beon beoseureul thaya haeyo?

- Nomer lima (5).
  노모ㄹ 리마(5)
  5번이예요.
  5beoniyeyo.

- Minta tiket 2.
  민따   띠껫 두아
  표 두 장 주세요.
  Phyo du jang juseyo.

- Ini uang kembaliannya.
  이니 우앙   끔발리안냐
  거스름돈 여기 있어요.
  Geoseureumdon yeogi isseoyo.

- Saya tidak perlu ganti, bisa kan?
  사야   띠닥   쁘ㄹ루 간띠, 비사 깐?
  중간에 안 갈아타도 되지요?
  Junggan an galathado dwejiyo?

- Tentu saja.
  뜬뚜   사자
  물론이지요.
  Mullonijiyo.

- Anda harus ganti(bis/kereta).
  안다   하루ㅅ   간띠 (비ㅅ/끄레따)
  한 번 갈아타야 해요.
  Hanbeon galathaya haeyo.

- Apakah ada kantor pos disekitar sini?
  아빠까ㅎ   아다   깐또ㄹ   뽀ㅅ 이스끼따ㄹ   시니?
  이 근처에 우체국이 있어요?
  I geunchoe uchegukku usseoyo?

- Ada. Ada di sana./Ada. Silahkan anda kesana.
  아다.   아다 디 사나/   아다.   시라ㅎ깐   안다   끄사나
  있어요, 저쪽으로 가세요.
  Isseoyo, jeocokeuro gaseyo.

주요 대화 Percakapan

▸ Sebaiknya naik apa kesana?
  스바익냐 나익 아빠 끄사나?
  어떻게 가야 좋아요?
  Eotteokke gaya joayo?

▸ Dari sini lurus saja, di tikungan itu belok kiri.
  다리 시니 루루ㅅ 사자, 디 띠꿍안   이뚜 벨록 끼리
  여기서 똑바로 가다가 저 모퉁이에서 좌회전하세요.
  Yeogiseo ttokbaro gadaga seo mothongieseo hwahewejeon haseyo.

▸ Terimakasih banyak.
  뜨리마까시ㅎ   반약
  대단히 감사해요.
  Daedanhi kamsahaeyo.

▸ Sama-sama.
  사마사마
  천만에요.
  Jeonmaneyo.

제8과 (Bab 8) 전화 사용 *Menelepon*

▸ Halo. Selamat (Pagi/Siang/Malam).
  할로. 슬라맛 (빠기/ 시앙/ 말람)
  여보세요. 안녕하세요.
  Yeoboseyo. Annyeonghaseyo.

제4부 주요 대화 **253**

- Mencari siapa?/Cari siapa?
  믄짜리   시아빠?/ 짜리   시아빠?
  누구를 찾으세요?
  Nugureul chajeuseyo?

- Apakah ini tempat tinggal (Bapak/Ibu) Guru Kim?
  아빠까ㅎ   이니 뜸빳   띵갈   (바빡/   이부) 구루   김?
  김선생님 댁이시지요?
  Kimseonsaengnim daekisijiyo?

- Ya, betul/benar.
  야,   브뚤/   브나ㄹ
  네, 맞아요.
  Ne, majayo.

- Bukan. Salah sambung.
  부깐.   살라ㅎ   삼붕
  아니예요, 전화 잘못 걸었어요.
  Aniyeyo, jeonhwa jalmot geolleosseoyo.

- Tolong sambungkan ke (Bapak/Ibu) Guru Kim.
  똘롱   삼붕깐   끄 (바빡/   이부) 구루   낌
  김선생님 바꿔주세요.
  Kimseonsaengnim bakkweojuseyo.

- Masih sedang berbicara ditelepon.
  마시ㅎ   스당   브ㄹ비짜라   디뜰레뽄
  Beliau masih sedang berbicara ditelepon.
  블리아우   마시ㅎ   스당   브ㄹ비짜라   디뜰레뽄
  지금 통화 중이예요.
  Jigeum thonghwa jungiyeyo.

주요 대화 Percakapan

▸ Maaf tapi saya harus menyampaikan dari siapa ya?
마앞 따삐 사야 하루ㅅ 은얌빠이깐 다리 시아빠 야?
미안하지만 누구한테서 전화 왔다고 할까요?
Mianhajiman nuguhantheseo jeonhwa wattago halkkayo?

▸ Tolong sampaikan bahwa CCBC(mencarinya/meneleponnya).
똘롱 삼빠이깐 바ㅎ와 시시비시(CCBC) (믄짜리냐 / 므늘레뽄냐)
Tolong sampaikan, ada telepon dari CCBC
똘롱 삼빠이깐, 아다 뜰레뽄 다리 시시비시(CCBC)
(더 자연스러운 표현)
CCBC 친구한테서 전화 왔다고 전해주세요.
Sisibisi chinguhantheseo jeonhwa wattao jeonhaejuseyo.

▸ Tunggu sebentar.
뚱구 스븐따ㄹ
잠깐만 기다리세요.
Jamkkanman gidariseyo.

▸ (Ayah/Bapak) ada telepon dari teman.
(아야ㅎ/ 바빡) 아다 뜰레뽄 다리 뜨만
아버지, 친구한테서 전화 왔어요.
Abeoji, chinguhantheseo jeonhwa wasseoyo.

▸ Tolong bilang kalau nanti(ayah/bapak) akan menelepon kembali.
똘롱 빌랑 깔라우 난띠 (아야ㅎ/ 바빡) 아깐 므늘레뽄 끔발리
아버지가 나중에 전화한다고 말해줘요.
Abeojiga najunge jeonhwahandago malhaejweoyo.

▸ Maaf. Nanti Bapak akan menelepon kembali.
마앞. 난띠 바빡 아깐 므늘레뽄 끔발리
죄송하지만 나중에 전화한다고 하네요.
Jwesonghajiman najunge jeonhwahandago haneyo.

▸ Baik/Baiklah/Ya, baik.
바익/ 바익라ㅎ/ 야, 바익
알겠어요.
Algesseoyo.

제9과 (Bab 9) 약국에서 *Di apotek*

▸ Sekarang bagaimana keadaan anda?
스까랑   바가이마나   끄아다안   안다?
지금 당신은 어때요?
Jigeum dangsineun eottaeyo?

▸ Sepertinya saya terkena flu.
스쁘ㄹ띠냐   사야   뜨ㄹ끄나   플루
감기 걸린 것 같아요.
Gamgi geollin geot gathayo.

▸ Apakah anda sudah minum obat?
아빠까ㅎ   안다   수다ㅎ   미눔   오밧?
약을 먹었어요?
Yakeul meogeosseoyo?

▸ Belum, barusan saya haus dan demam.
블룸,   바루산   사야   하우ㅅ 단   드맘
아직요, 방금 목이 마르고 열이 나요.
Ajikyo, banggeum mokki mareugo yeolli nayo.

주요 대화 Percakapan

▸ Kalau begitu anda harus pergi ke apotek dahulu.
깔라우 브기뚜 안다 하루ㅅ 쁘ㄹ기 끄 아뽀떽 다훌루
그럼 약국부터 먼저 가요.
Geureom yakgukbutheo meonjeogayo.

▸ Dimana letak apotek terdekat?
디마나 르딱 아뽀떽 뜨ㄹ드깟
이 근처에 약국이 어디 있어요?
I geuncheoe yakkuki eodi isseoyo?

▸ Ada disekitar tempat perberhentian bis.
아다 디스끼따ㄹ 뜸빳 쁘ㄹ브ㄹ흔띠안 비ㅅ?
버스 정거장 근처에 있어요.
Beoseu jeonggeojang geuncheoe isseoyo.

▸ Yang mana sakit?
양 마나 사낏?
어디가 아프세요?
Eodiga aphayo?

▸ Sepertinya saya terkena flu.
스쁘ㄹ띠냐 사야 뜨ㄹ끄나 플루
감기에 걸린 것 같아요.
Gamgie geollin geot gathayo.

▸ Bagaimana gejalanya?
바가이마나 그잘라냐?
증상이 어때요?
Jeungsangi eottaeyo?

▸ Batuk-batuk, panas dan kepala saya juga sakit.
바뚝 바뚝, 빠나ㅅ 단 끄빨라 사야 주가 사낏
기침하고 열도 나고 머리도 아파요.
Gimchihago yeolli nago meorido aphayo.

- Sejak kapan sakitnya?
  스작   까빤   사낏냐?

  얼마나 오래 되었어요?
  Eolmana orae dweeosseoyo?

- Sejak kemarin.
  스작   끄마린

  어제부터요.
  Eojebutheoyo.

- Kalau begitu minum obat ini, pasti cepat sembuh.
  깔라우 브기뚜 미눔   오밧 이니, 빠ㅅ띠 쯔빳   슴부ㅎ

  그럼 이 약을 먹으면 나을 거예요.
  Geureom I yakkeul meogeumyeon naeul geoyeyo.

- Bagaimana aturan pemakaiannya?
  바가이마나   아뚜란   쁘마까이안냐?

  어떻게 먹어요?
  Eotteokke meogeoyo?

- Konsumsi sehari tiga(3) kali sesudah makan.
  꼰숨시   스하리   띠가(3) 깔리 스수다ㅎ   마깐

  안내 대로 하루 3번 식 후 30분에 드세요.
  Annaedaero haru sebeon sik hu samsibbune deuseyo.

- Terimakasih.
  뜨리마까시ㅎ

  감사해요.
  Kamsahaeyo.

- Sama-sama.
  사마사마

  천만에요.
  Cheonmaneyo.

주요 대화 Percakapan

제10과 (Bab 10) 병원에서 *Di rumah sakit*

- Ada keperluan apa?/ Ada yang bisa saya bantu?
  아다 끄쁘ㄹ루안 아빠?/ 아다 양 비사 사야 반뚜?
  (더 자연스러운 표현)
  어떻게 오셨어요?
  Eotteokke osyeosseoyo?

- Perut saya sakit.
  쁘룻 사야 사낏
  배가 아파서요.
  Baega aphaseoyo.

- Tolong isi formulir ini.
  똘롱 이시 포ㄹ무리ㄹ 이니
  이 서식을 작성해 주세요.
  I seosikeul jakseonghaseyo.

- Ini formulirnya, sudah lengkap.
  이니 포ㄹ물리ㄹ냐, 수다ㅎ 릉깝
  여기 다 작성했어요.
  Yeogi da jakseonghaesseoyo.

- Lewat sini untuk mencari dokter penyakit dalam.
  레왓 시니 운뚝 믄짜리 독떼ㄹ 쁘야낏 달람
  이 쪽으로 내과의사를 찾아가세요.
  I cokeuro naegwaeuisareul chajagaseyo.

- Silahkan duduk menunggu sebentar.
  시라ㅎ깐   두둑   므눙구   스븐따ㄹ
  잠깐만 기다리세요.
  Jamkkanman gidariseyo.

- Silahkan foto x-ray dahulu.
  시라ㅎ깐   포또 엑ㅅ 레이 다홀루
  와서 x-ray 먼저 찍으세요.
  Waseo ekseurei meonjeo cikeuseyi.

- Bagaimana gejalanya?
  바가이마나   그잘라냐?
  증상이 어때요?
  Jeungsangi eottaeyo?

- Ada pembengkakan di atas.
  아다 쁨븡깍깐   디 아따ㅅ
  위에 염증이 있어요.
  Weie yeomjeunggo isseoyo.

- Apakah gejalanya serius ?
  아빠까ㅎ   그잘라냐   세리우ㅅ?
  증상이 심해요?
  Jeungsangi simhaeyo?

- Tidak begitu serius.
  띠닥   브기뚜   세리우ㅅ
  그리 심하지 않아요.
  Geuri simhaji annayo.

- Apakah bisa diobati?
  아빠까ㄹ   비사 디오바띠?
  치료 할 수 있지요?
  Chiryo hal su itjiyo?

주요 대화 Percakapan

- Tentu saja.
  뜬뚜   사자
  물론이지요.
  Mullonijiyo.

- Bagaimana pengobatannya?
  바가이마나   쁭오밧딴냐?
  어떻게 치료해요?
  Eotteokke chiryohaeyo?

- Minum obat yang teratur ya.
  미눔   오밧   양   뜨ㄹ아뚜ㄹ 야
  이 약을 드시고 지켜보세요.
  I yakeul deusigo jikyeoboseyo.

- Jangan makan makanan yang pedas atau asin.
  장안   마깐   마까난   양   쁘다ㅅ 아따우 아신
  맵고 짠 음식을 조심하세요.
  Maebko can eumsikeul josimhaseyo.

- Jangan lupa untuk berolahraga secara teratur.
  장안   루빠   운뚝   브ㄹ올라ㅎ라가   스짜라   뜨ㄹ아뚜ㄹ
  정규적으로 운동하는 것도 잊지 마세요.
  Jeonggyujeokeuro undonghaneun geotto itji maseyo.

- Setelah minum obat, tolong datang ke sini sekali lagi.
  스뜰라ㅎ 미눔   오밧,   똘롱   다땅   끄 시니 스깔리   라기
  그리고 이 약을 다 드시고 나서 한 번 더 오세요.
  Geurigo I yakeul da deusigo naseo han beon deo oseyo.

- Terimakasih banyak.
  뜨리마까시ㅎ   바악
  대단히 감사해요.
  Daedanhi kamsahaeyo.

제11과 (Bab 11) 호텔에서 *Di hotel*

- Apakah masih ada kamar kosong?
  아빠까ㅎ 마시ㅎ 아다 까마르 꼬송
  빈 방이 있어요?
  Bin bangi isseoyo?

- Apakah sudah reservasi?/ Apakah sudah memesan?
  아빠까ㅎ 수다ㅎ 레스르바시?/ 아빠까ㅎ 수다ㅎ 므므산?
  Apakah sudah booking kamar?
  아빠까ㅎ 수다ㅎ 북낑 까마르?
  예약했어요?
  Yeyakhaesseoyo?

- Saya sudah reservasi lewat faks/
  사야 수다ㅎ 레스르바시 레왓 펙ㅅ
  Saya sudah memesan lewat faks/
  사야 수다ㅎ 므므산 레왓 펫ㅅ
  Saya sudah booking lewat faks.
  사야 수다ㅎ 북낑 레왓 펙ㅅ
  팩스로 예약했어요.
  Pekseuro yeyakhaesseoyo.

- Ah! Anda membutuhkan kamar untuk dua(2) orang, bukan?
  아ㅎ! 안다 음부뚜ㅎ깐 까마르 운뚝 두아(2) 오랑, 부깐?
  아! 2인용 방을 원하시죠?
  eo! iinyong bangeul weonhasijyo?

주요 대화 Percakapan

▸ Ya, kamar untuk dua(2) orang.
야, 까마ㄹ 운뚝 두아(2) 오랑.
네, 2인용 방을 원해요.
Ne, iinyong bangeul wonhaeyo.

▸ (Salah/Bukan), kamar untuk satu(1) orang.
(살라ㅎ/ 부깐), 까마ㄹ 운뚝 사뚜(1) 오랑.
아니요 1인용 방을 원해요.
Aniyo ilinyong bangeul wonhaeyo.

▸ Oh begitu?
오ㅎ 브기뚜?
그래요?
Geuraeyo?

▸ Berapa harga sewa kamar untuk sehari?
브라빠 하ㄹ가 세와 까마ㄹ 운뚝 스하리?
Berapa harga sewa kamar untuk semalam?
브라빠 하ㄹ가 세와 까마ㄹ 운뚝 스말람?
(더 자연스러운 표현)
방값은 하루에 얼마예요?
Banggabseun harue eolmaeyo?

▸ Lima puluh ribu(50.000) won.
리마 뿔루ㅎ 리부(50,000) 원
오만원이예요.
Omanweoniyeyo.

▸ Anda berencana tinggal disini berapa lama?
안다 브른짜나 띵갈 디시니 브라빠 라마?
Berapa lama anda akan tinggal disini?
브라빠 라마 안다 아깐 띵갈 디시니?
여기에 며칠 동안 묵을 거예요?
Yeogie myeochil dongan mukeul gaeyeyo?

제4부 주요 대화 263

▸ Tiga(3) hari.
띠가(3)   하리
3일간 있을 거예요.
Samilgan isseul geoyeyo.

▸ Tolong isi nama dan kebangsaan anda di formulir ini.
똘롱   이시 나마   단   끄방사안   안다   디   포ㄹ물리ㄹ   이니
이 서식에 이름과 국적을 기재하세요.
I seosik ireumgwa gujjeokeul gijaehaseyo.

▸ Seperti ini?/ Ini sudah betul?
스쁘ㄹ띠   이디?/ 이니 수다ㅎ   브뚤?
이러면 됐어요?
Ireomyeon dwaesseoyo?

▸ Ya.
야.
됐어요.
Dwaesseoyo.

▸ Ini kunci kamarnya.
이니 꾼찌   까마ㄹ냐
방 열쇠 여기 있어요.
Bang yeolswe yeogi isseoyo.

▸ Kamar nomer berapa?
까마ㄹ   노메ㄹ   브라빠?
몇 호실이예요?
Myeot hosiliyeyo?

▸ Nomer dua kosong tiga (203).
노메ㄹ   두아   꼬송   띠가 (203)
203호실이예요.
Ibaeksamhosiliyeyo.

주요 대화 Percakapan

- Dan sudah termasuk sarapan pagi/
  단 수다ㅎ 뜨ㄹ마숙 사라빤 빠기/
  Silahkan sarapan pagi disini.
  시라ㅎ깐 사라빤 빠기 디시니
  그리고 아침식사는 포함입니다.
  Geurigo achimsiksaneun pohamimnida.

- Apakah ada servis laundry?
  아빠까ㅎ 아다 세ㄹ비ㅅ 라운드리?
  여기서 세탁이 돼요?
  Yeogiseo sethakki dwaeyo?

- Tidak mahal.
  띠닥 마할
  그리 비싸지 않아요.
  Geuri bissaji annayo.

- Berapa ongkos laundry?
  브라빠 옹꼬ㅅ 라운드리?
  세탁비는 얼마예요?
  Sethakbineun eolmayeyo?

- Besok tolong bangunkan jam delapan(8).
  베속 똘롱 방운깐 잠 들라빤(8)
  Tolong besok morning call jam delapan(8).
  똘롱 베속 모ㄹ닝 깔 잠 들라빤(8)
  내일 아침 8시에 깨워주세요.
  Naeil achim yeodeolsie kkaeweojuseyo.

제12과 (Bab 12) 미용실에서 *Di salon kecantikan*

- (Selamat Pagi/Siang/Malam) Kemari/Lewat sini.
  (슬라맛 빠기/ 시앙/ 말람) 끄마리/ 레왓 시니
  안녕하세요 이 쪽으로 오세요.
  Annyeonghaseyo I cokeuro oseyo.

- Model apa yang anda inginkan?
  모델 아빠 양 안다 잉인깐?
  어떤 헤어스타일을 원하세요?
  Eoneu heeoseuthaileul weonhaseyo?

- Kalau model ini apakah cocok untuk saya?
  깔라우 모델 이니 아빠까ㅎ 쪼쪽 운뚝 사야?
  전 스타일대로 이발하면 어때요?
  Jeon seuthaildaero ibalhamyeon eottaeyo?

- Yang itu juga bagus.
  양 이뚜 주가 바구ㅅ
  그것도 좋아요.
  Geugeotdo joayo.

- Model apa saja asalkan kelihatan(cantik/pantas).
  모델 아빠 사자 아살깐 끌리하딴 (짠띡/ 빤따ㅅ)
  예쁘게 보이면 어느 스타일도 돼요.
  Yepeuge boimyeon eoneu seuthail dwaeyo.

주요 대화 Percakapan

- Anda juga mau dikeriting?
  안다   주가   마우   디끄리띵?
  파마도 하실래요?
  Phamado hasillaeyo?

- Tentu saja. Tapi jangan terlalu keriting ya.
  뜬뚜   사자. 따삐 장안   뜨ㄹ랄루 끄리띵   야
  물론이예요. 그러나 너무 곱슬거리게 하지마세요.
  Mulloniyeyo. Geureona neomu gobseulgeorige hajimaseyo.

- Rambutnya rusak sekali.
  람붓냐   루삭   스깔리
  머리가 좀 너무 상하신 것 같은데요.
  Meoriga jom neomu sanghasin geot gatheundeyo.

- Mau dicat rambutnya?/ Mau dicat?
  마우 디짯 람붓냐?/   마우 디짯?
  머리 염색하시겠어요?
  Meori yeomsaekhasigesseoyo.

- Tidak usah.
  띠닥   우사ㅎ
  안 해도 돼요.
  An haedo dwaeyo.

- Sudah digunting.
  수다ㅎ   디군띵
  이발 다 했어요.
  Ibal da haesseoyo.

- Sudah cukur.
  수다ㅎ   쭈꾸ㄹ
  면도 다 했어요.
  Myeondo da haesseoyo.

- Kemari akan saya cuci rambut anda.
  꼬마리   아깐   사야   쭈찌 람붓   안다
  이리 와서 머리를 감으세요.
  Iriwaseo meorireul gameuseyo.

- Ada ketombe di rambut anda.
  아다 끄똠베   디 람붓   안다
  비듬이 있어요.
  Bideumi isseoyo.

- Tolong cuci rambut saya dengan obat ketombe.
  똘롱   쭈찌 람붓   사야   등안   오밧   끄똠베
  비듬샴푸로 머리를 감아 주세요.
  Bideumsampoeuro meorireul gama juseyo.

- Jangan kuatir/ Jangan khawatir.
  장안   쭈아띠ㄹ/ 짱안   카와띠ㄹ
  염려하지 마세요.
  Yeomryeohaji maseyo.

- Sudah selesai.
  수다ㅎ 슬르사이
  파마 다 했어요.
  Phama da haessoyo.

- Bagaimana apakah anda suka?
  바가이마나   아빠까ㅎ 안다 수까?
  손님, 어때요?
  Sonnim, eottaeyo?

- Suka./ Terimakasih.(더 자연스러운 표현)
  수까/   뜨리마까시ㅎ
  좋아요.
  Joayo.

주요 대화 Percakapan

- Bagaimana kalau saya beri vitamin?
  바가이마나   깔라우 사야 브리 비따민?
  에센스을 바르겠어요?
  Esenseueul bareugesseoyo?

- Ya tolong.
  야   똘롱
  좀 발라주세요.
  Jom ballajuseyo.

- Ingin make-up yang bagaimana?
  잉인 메이겁   양   바가이마나?
  얼굴을 화장하시겠어요?
  Eolguleul hwajanghasigesseoyo?

- Bagaimana kalau saya potong kukunya?/
  바가이마나   깔라우 사야   뽀똥   꾸꾸냐?/
  Tidak ingin manicure sekalian?
  띠닥 이인   메니꾸르   스깔리안?
  (더 자연스러운 표현)
  손톱도 깎겠어요?
  Sonthobdo kkakkgesseoyo?

- Ya, tolong.
  야,   쫄롱
  좋아요.
  Joayo.

- Bagaimana? Apakah anda suka?
  바가이마나?   아빠까ㅎ 안다   수까?
  어때요? 마음에 들어요?
  Eottaeyo?maeume deuleoyo?

- Ya, terimakasih banyak.
  야, 뜨리마까시ㅎ 반약
  네, 잘 됐어요.
  Ne, jal dwaesseoyo.

- Semua berapa ya?/ Berapa totalnya?
  스무아 브라빠 야?/ 브라빠 또딸냐?
  Berapa ongkosnya?
  브라빠 옹꼬스냐?
  모두 얼마예요?
  Modu eolmayeyo?

- Tujuh puluh ribu(70.000) won.
  뚜주ㅎ 뿔루ㅎ 리부(70,000) 원
  7만원이예요.
  Chilman(70.000)weoniyeyo.

- Ini seratus ribu(100.000) won.
  이니 스라뚜ㅅ 리부(100,000) 원
  여기 십만원이예요.
  Yeogi sibman(10.000) weonieyo.

- Ini uang kembaliannya, tiga puluh ribu(30.000) won.
  이니 우앙 끔발리안냐, 띠가 뿔루ㅎ 리부(30,000) 원
  여기 거스름돈 3만원이예요.
  Yeogi geoseureumdon samman(30.000) weoniyeyo.

- Terimakasih. Datang kemari lagi ya.
  뜨리마까시ㅎ. 다땅 끄마리 라기 야
  감사합니다. 다음에 또 오세요.
  Kamsahabnida. daeume tto oseyo.

주요 대화 Percakapan

제13과 (Bab 13) 공항에서 *Di bandara udara*

- Pergi kemana?/ Mau jalan kemana?
  쁘르기 끄마나?/ 마우 잘란 끄마나?
  어디로 여행가세요?
  Eodiro yeohaenggaseyo?

- Mau jalan-jalan ke Indonesia.
  마우 잘란-잘란 끄 인도네시아
  인도네시아으로 여행가요.
  Indonesiaeuro yeohaenggayo.

- Dengan pesawat apa?
  등안 쁘사왓 아빠?
  어떤 비행기로요?
  Eoneu bihaenggiroyo?

- Dengan Korean Air.
  등안 꼬레안 에어
  대한항공으로요.
  Dahanhanggongeuroyo.

- Koper yang ditaruh dibagasi ada berapa?
  꼬뻐ㄹ 양 디따루ㅎ 디바가시 아다 브라빠?
  가방이 모두 몇 개예요?
  Gabangi modu myeot gaeyeyo?

제4부 주요 대화 **271**

▸ Satu buah.
사뚜 부아ㅎ
단 한 개예요.
Dan han gaeyeyo.

▸ Tolong perlihatkan paspor dan tiket pesawat anda.
똘롱 쁘ㄹ리핫깐 빠ㅅ뽀ㄹ 단 띠껫 쁘사왓 안다
여권과 비행기 표 보여주세요.
Yeogweongwa bihaenggi phyo boyeojuseyo.

▸ Ini.
이니
여기 있어요.
Yeogi isseoyo.

▸ Tolong buka tas yang anda bawa.
똘롱 부까 따ㅅ 양 안다 바와
손가방을 검사하게 열어주세요.
Songabangeul kamsahage yeoleojuseyo.

▸ Tolong angkat kedua tangan anda.
똘롱 앙깟 끄두아 땅안 안다
두 손을 검사하게 들어주세요.
Du soneul kamsahage deulleojuseyo.

▸ Silahkan naik pesawat.
시라ㅎ깐 나익 쁘사왓
비행기를 타세요.
Bihaenggireul thaseyo.

▸ Jam berapa pesawat anda?
잠 브라빠 쁘사왓 안다?
비행기는 몇 시에 떠나요?
Bihaenggineun myeot sie tteonayo?

주요 대화 Percakapan

- Jam setengah dua siang (1.30).
  잠 스뜽아ㅎ 두아 시앙 (1.30)
  오후 한시반에요.
  Ohu hansibaneyo.

- Makan waktu berapa lama perjalanan ke Indonesia?
  마깐 왁뚜 브라빠 라마 쁘ㄹ잘라난 끄 인도네시아?
  Dari sini ke Indonesia berapa jam?
  다리 시니 끄 인도네시아 브라빠 잠?
  (더 자연스럽니다.)
  여기서 인도네시아까지 얼마나 걸려요?
  Yeogiseo indonesiakkaji eolmana geollyeoyo?

- Sekitar lima jam setengah(5.5 jam).
  스끼따ㄹ 리마 잠 스뜽아ㅎ
  약 5시간 반 걸려요.
  Yak o(5)siganban geollyeoyo.

- Pesawat akan mendarat di bandara udara Sukarno-Hatta.
  쁘사왇 아깐 믄다랏 디 반다라 우다라 수까ㄹ노하따
  비행기가 수카르노하타 공항에 도착할 거예요.
  Bihaenggiga sukharnohata gonghange dochakhal geoyeyo.

- Tolong pasang sabuk pengaman anda.
  똘롱 빠상 사북 쁭아만 안다
  안전벨트를 매세요.
  Anjeonbeltheu maeseyo.

- Pesawat sudah mendarat.
  쁘사왓 수다ㅎ 믄다랏
  비행기가 잘 도착했어요.
  Bihaenggiga jal dochakhaessoyo.

- Keluarnya disana/Pintu keluar ada disana.
  끌루아ㄹ냐   디사나/   삔뚜   끌루아ㄹ 아다 디사나
  저 쪽으로 나가세요.
  Jeo cokeuro bagaseyo.

- Apa tujuan anda datang kemari?
  아빠   뚜주안   안다   다땅   끄마리?
  여기 어떻게 왔어요?
  Yeogi eotteokke wasseoyo?

- Untuk jalan-jalan/ Untuk bertamasya.
  운뚝   잘란-잘란/   운뚝   브ㄹ따마샤
  그냥 관광으로 왔어요.
  Geunyang gwangwangeuro wasseoyo.

- Di dalam tas ini isinya apa?
  디   달람   따ㅅ 이니 이시냐   아빠?

  Apa isi didalam tas ini?
  아빠   이시 디달람   따ㅅ 이니?
  이 가방 안에 무엇이 있어요?
  I gabang anne mueosi isseoyo?

- Ini barang pribadi.
  이니 바랑   쁘리바디
  개인용품만 있어요.
  Gaeinyongphumman isseoyo.

- Tolong buka untuk diperiksa.
  똘롱   부까   운뚝   디쁘릭사
  좀 검사하게 열어주세요.
  Jom gaeomsahage yeolleojuseyo.

주요 대화 Percakapan

- Apa ini?
  아빠 이니?
  이것은 무엇인가요?
  Igeoseun mueoingayo?

- Ini(hadiah/oleh-oleh) buat teman.
  이니(하디아ㅎ/ 올레ㅎ-올레ㅎ) 부앗 뜨만
  그것은 친구 선물이예요.
  Geugeoseun chingu seonmuliyeyo.

- Sudah beres.
  수다ㅎ 베레ㅅ
  다 됐어요.
  Da dwaesseoyo.

- Keluarnya disini/ Pintu keluar ada disini.
  끌루아ㄹ냐 디시니/ 삔뚜 끌루아ㄹ 아다 이시니
  이 쪽으로 나가세요.
  I cokeuro nagaseyo.

- Terimakasih.
  뜨리마까시ㅎ
  고마워요.
  Gomaweoyo.

제14과 (Bab 14) 우체국에서 *Di kantor pos*

▸ Perangko harga berapakah yang harus dipakai untuk mengirim
  쁘랑꼬   하ㄹ가 브라빠까ㅎ   양   하루ㅅ 디빠까이 운뚝 응이림
  surat dalam negeri?
  수랏   달람   느그리?
  국내 일반 편지는 얼마짜리 우표를 붙여야 해요?
  Guknae ilban phyeonjineun eolmacari uphyoreul butchyeoyahaeyo?

▸ (Dua ratus) 200 won.
  두아 라뚜ㅅ (200) 원
  200원요.
  Ibaek(200) weonyo.

▸ Kalau surat tercatat?
  깔라우 수랏   뜨ㄹ짜땃
  등기편지는요?
  Deunggi phyeonjineunyo?

▸ Pertama-tama, surat yang akan dikirim harus ditimbang
  쁘ㄹ따마따마,   수랏   양   아깐   디끼림   하루ㅅ 디띰방
  terlebih dahulu.
  뜨ㄹ르비ㅎ 다훌루
  우선 무게를 달아봐야 해요.
  Useon mugereul dalla bwayahaeyo.

주요 대화 Percakapan

- Tolong kirim suratnya dengan surat tercatat dan kilat khusus.
  똘롱   끼림   수랏냐   등안   수랏 뜨ㄹ짜땃 단 낄랏 쿠수ㅅ
  이 편지를 등기로 보내주세요.
  I phyeonjireul deunggilo binaejuseyo.

- Kalau surat yang ini tiga ratus(300) won.
  깔라우 수랏 양 이니 띠가 라뚜ㅅ(300)   원
  이 편지는 300원이예요.
  Iphyeonjineun sambaek(300) weon iyeyo.

- Disini juga menjual kartu pos, bukan?
  디시니 주가 믄주알 까ㄹ뚜 포ㅅ, 부깐?
  여기 우편엽서도 팔지요?
  Yeogi upheyonyeobseodo phaljiyo?

- Iya, ingin beli berapa lembar?
  이야, 인인 블리 브라빠 름바ㄹ?
  네, 몇 장 사시겠어요?
  Ne, myeotjang sasigesseoyo?

- Berapa harga selembarnya?
  브라빠   하ㄹ가 슬름바ㄹ냐?
  장당 얼마예요?
  Jangdang eolmayeyo?

- Selembarnya seratus(100) won.
  스름바ㄹ냐   스라뚜ㅅ(100)   원
  장당 100원이예요.
  Jangdang baek(100) weon iyeyo.

- Kalau begitu, beri saya sepuluh(10) lembar.
  깔라우 브기뚜, 브리 사야 스뿔루ㅎ(10) 름바ㄹ
  그럼 10장 주세요.
  Geureum sib(10)jang juseyo.

- Jadi berapa harga seluruhnya?
  자디 브라빠   하ㄹ가   슬루루ㅎ냐?
  모두 합해서 얼마예요?
  Modu habhaehaeseo eolmayeyo?

- Seribu tiga ratus(1300) won.
  스리부   띠가   라뚜ㅅ (1300)   원
  1,300원이예요.
  Cheonsambaek(1,300) weoniyeyo.

- Ini uangnya.
  이니 우앙냐
  돈 여기 있어요.
  Don yeogi isseoyo.

- Ini tanda pembayaran surat kilat khusus dan kartu posnya.
  이니 딴다   쁨바야란   수랏   낄랏 쿠수ㅅ   단   까ㄹ뚜 포ㅅ냐
  여기 등기 영수증과 우편엽서예요.
  Yeogi deunggi yeongsujeunggwa uphyeonyeobseoyeyo.

- Kalau kartu pos harus diletakan dimana?
  깔라우   까ㄹ뚜 포ㅅ   하루ㅅ 디르딱깐   디마나?
  우편엽서는 어디에 넣지요?
  Uphyeonyeobseoneun eodie neojiyo?

- Letakkan saja di kotak surat yang ada di pinggir jalan.
  르딱깐   사자 디 꼬딱   수랏   양   아다 디 삥기ㄹ   잘란
  도로변에 있는 우체통에 넣으세요.
  Doronyeone inneun uchethonge neoheuseyo.

- Disini bisa juga mengirim uang pos kan?
  디시니   비사 주가   믕이림   우앙   포ㅅ 깐?
  여기서 우편 송금도 되지요?
  Yeogiseo uphyeon songgeumdo dwejiyo?

주요 대화 Percakapan

- Iya, ingin mengirim uang berapa?
  이야, 잉인 등이림 우앙 브라빠?
  네, 얼마를 송금하시겠어요?
  Ne, eolmareul songgeum hasigesseoyo

- Lima ratus ribu(500.000) won.
  리마 라뚜ㅅ 리부(500,000) 원
  50만원요.
  Osib(50) manweonyo.

- Silahkan catat isinya di formulir ini.
  실라ㅎ깐 짜땃 이시냐 디 포ㄹ물리ㄹ 이니
  이 서식에 내용을 기록하세요.
  I seosike naeyongeul girok haseyo.

- Saya sudah selesai menulis.
  사야 수다ㅎ 슬르사이 므눌리ㅅ
  다 썼어요.
  Da sseosseoyo.

- Silahkan bayar uang komisinya sebesar tiga ratus(300) won.
  시라ㅎ깐 바야ㄹ 우앙 꼬미시냐 스브사ㄹ 띠가 라뚜ㅅ(300) 원
  수수료 300원 지불하세요.
  Susuryo sambaek(300) weon jibul haseyo.

- Ini uang yang akan dikirim dan komisinya.
  이니 우앙 양 아깐 디끼림 단 꼬미시냐
  여기 송금돈과 수수료예요.
  Yeogi songgeum dongwa susuryoyeyo.

- Ini tanda pembayaran pengiriman uangnya.
  이니 딴다 쁨바야란 쁭이림만 우앙냐
  여기 송금 영수증이예요.
  Yeogi songgeum yeongsujeungiyeyo.

▸ Terima kasih.
뜨리마   까시ㅎ
고마워요.
Gomaweoyo.

▸ Selamat jalan.
슬라맛   잘란
안녕히 가세요.
Annyeonghigaseyo.

제15과 (Bab 15) 가게에서 *Di toko*

▸ Di sekitar sini ada toko apa saja?
디 스까따ㄹ 시니 아다 또꼬 아빠 사자?
이 근처에 무슨 가게들이 있어요?
I geuncheoe museum gagedeuli isseoyo?

▸ Ada pasar raya.
아다 빠사르 라야
백화점이 있어요.
Baekkhwajeomi isseoyo.

▸ Ada beberapa toko biasa.
아다 브브라빠 또꼬 비아사
일반 가게가 여러 군데 있어요.
Ilban gagega yeoreogunde isseoyo.

주요 대화 Percakapan

- Ada pasar lima(5) hari.
  아다 빠사ㄹ 리마(5)   하리
  5일 시장이 있어요.
  O(5)il sijangi isseoyo.

- Jadi beli apa?
  자디 블리 아빠?
  뭐 사실래요?
  Mweo sasillaeyo?

- Saya ingin beli pakaian.
  사야   잉인   블리 빠까이안
  저는 옷을 사고 싶어요.
  Jeoneun oseul sagosipheoyo.

- Jika begitu silahkan pergi ke pasar raya.
  자까 브기뚜   실라ㅎ깐   쁘ㄹ기 끄 빠사ㄹ 라야
  그럼 백화점에 가세요.
  Geureom baekkwajeome gaseyo.

- Di pasar raya, apakah bisa menawar harga?
  디 빠사ㄹ 라야, 아빠까ㅎ 비사 므나와ㄹ   하ㄹ가?
  백화점에서 가격을 흥정할 수 있어요?
  Baekkwajeomeseo gagyeokeul heungjeong hal su isseoyo?

- Tidak bisa menawar harga.
  띠닥   비사 므나와ㄹ   하ㄹ가
  가격을 흥정할 수 없어요.
  Gagyeokeul heungjeong halsu eobsseoyo.

- Kalau di toko biasa?
  깔라우 디 또꼬   비아사?
  일반 가게에서는요?
  Ilban gageeseoneunyo?

▸ Bisa menawar harga.
비사 므나와ㄹ 하ㄹ가
가격을 흥정할 수 있어요.
Gagyeokeul heungjeong hal su isseoyo.

▸ Kalau begitu kita pergi ke pasar biasa.
깔라우 브기뚜 끼다 쁘ㄹ기 끄 빠사ㄹ 비아사
그럼 우리 일반시장에 가요.
Geureom uri ilban sijange gayo.

▸ Baju yang ini bagaimana?
바주 양 이니 바가이마나?
이웃은 어때요?
Iotseun eottaeyo?

▸ Tidak ada yang lebih bagus dari ini?
띠닥 아다 양 르비ㅎ 바구ㅅ 다리 이디?
이보다 좋은 것 없어요?
Iboda joeungeot eobsseoyo?

▸ Baju ini bagus.
바주 이니 바구ㅅ
이웃이 좋아요.
Iosi joayo.

▸ Harganya berapa?
하ㄹ가냐 브라빠?
가격이 얼마예요?
Gagyeoki eolmayeyo?

▸ Tujuh puluh ribu(70.000) won.
뚜주ㅎ 뿔루ㅎ 리부(70,000) 원
7만원이예요.
Chil(7) manwoniyeyo.

주요 대화 Percakapan

▸ Mahal sekali.
  마하ㄹ 스깔리
  너무 비싸요.
  Neomu bissayo.

▸ Tolong berikan potongan harga.
  똘롱 브리깐 뽀똥안 하ㄹ가
  좀 깎아 주세요.
  Jom kkakkajuseyo.

▸ Kalau begitu saya akan beri potongan harga lima ribu(5000) won.
  깔라우 브기뚜 사야 아깐 브리 뽀똥안 하ㄹ가 리마 리부(5000) 원
  그럼 5천원 깎아 드릴게요.
  Geureom ocheonwon kkakkadeurilkeyo.

▸ Terima kasih, tolong bungkus sebagai hadiah.
  뜨리마 까시ㅎ, 똘롱 붕꾸ㅅ 스바가이 하디아ㅎ
  고마워요 선물로 포장해 주세요.
  Gomaweoyo seonmullo phojang haejuseyo.

▸ Di sekitar sini apakah ada toko ginseng
  디 스끼따ㄹ 시나 아빠까ㅎ 아다 또꼬 긴셍
  이 근처에 인삼가게가 있어요?
  I geuncheoe insamhaheha isseoyo?

▸ Di sebelah situ ada / Disitu.
  디 스벨라ㅎ 시뚜 아다/ 디시뚜
  저쪽에 있어요.
  Jeocoke isseoyo.

▸ Bagaimana menjual ginsengnya?
  바가이마나 믄주알 긴셍냐?
  이 인삼차는 어떻게 팔아요?
  I insamchaneun eotteoke phalayo?

▸ Dijual perikat.
디주알 쁘ㄹ이깟
근으로 팔아요.
Geuneuro phalayo.

▸ Berapa harga perikatnya?
브라빠 하ㄹ가 쁘ㄹ이깟냐?
근 당 얼마예요?
Geun dang eolmayeyo?

▸ Dua puluh ribu(20.000) won.
두아 뿔루ㅎ 리부(20.000) 원
근 당 2만원이예요.
Geun dang 2man(20,000) won iyeyo.

▸ Tolong berikan 4 ikat.
똘롱 브리깐 음빳(4) 이깟
넷근 주세요.
Negeun juseyo.

▸ Tolong beritahu saya juga cara menggunakannya.
똘롱 브리따후 사야 주가 짜라 믕구나깐냐
사용 방법도 말해주세요.
Sayongbangbeobdo malhaejuseyo.

▸ Terima kasih.
뜨리마 까시ㅎ
감사합니다.
Kamsahamnida.

제5부 질의응답
Pertanyaan Jawaban dan Respon

- 제1과 질의(Pertanyaan)
- 제2과 응답(Jawaban dan Respon)

제1과 (Bab 1) 질의 *Pertanyaan*

▸ Siapa?
시아빠
누구예요?
Nuguseyo?

▸ Anda mencintai siapa?
안다   믄찐따이   시아빠
누구를 사랑해요?
Nugureul saranghaeyo?

▸ Siapakah pemiliknya?
시아빠까ㅎ   쁘밀릭냐
누가 주인이예요?
Nuga juiniyeyo?

▸ Untuk siapakah anda(mencari uang/bekerja)?
운뚝   시아빠까ㅎ   안다 (믄짜리   우앙/   브끄ㄹ자)
누구 때문에 돈을 벌어요?
Nugu ttaemune doneul beolleoyo?

▸ Siapa nama anda?
시아빠   나마   안다
이름이 뭐예요?
Ireumi mweoyeyo?

질의응답 Pertanyaan Jawaban dan Respon

- Apakah itu?
  아빠까ㅎ 이뚜
  (그것은) 뭐예요?
  Geugeoseun mweoyeyo?

- Apakah makanan yang anda sukai?
  아빠까ㅎ 마까난 양 안다 수까이
  무엇을 즐겨 먹어요?
  Mueoseul jeulgyeo meyogeoyo?

- Apakah pekerjaan anda?
  아빠까ㅎ 쁘끄ㄹ자안 안다
  무슨일을 해요?
  Museum ileilhaeyo?

- Anda datang ke sini naik apa?
  안다 다땅 끄 시니 나익 아빠
  무엇을 타고 왔어요?
  Mueoseul thagowasseoyo?

- Hari apakah hari ini?
  하리 아빠까ㅎ 하리 이니
  오늘이 무슨 요일이예요?
  Oneulli museunyoilliyeyo?

- Kenapa anda datang terlambat?
  끄나빠 안다 다땅 뜨ㄹ람밧
  무엇 때문에 늦게 왔어요?
  Mueo ttaemune neukke wasseoyo?

- Apakah alasannya?
  아빠까ㅎ 알라산냐
  무엇이 이유예요?
  Mueosi iyuyeyo?

▸ Di mana?
디 마나
어디요?
Eodiyo?

▸ Dari mana anda datang?
다리 마나 안다 다깡
어디에서 왔어요?
Eodieseo wasseoyo?

▸ Sekarang anda berada dimana?
스까랑 안다 브라다 디마나
지금 어디에 계세요?
Jigeum eodie gyeseyo?

▸ Di manakah rumah anda?
디 마나까ㅎ 루마ㅎ 안다
집은 어디예요?
Jibeun eodiyeyo?

▸ Anda pergi kemana?
안다 쁘르기 끄마나
어디에 가요?
Eodie gayo?

▸ Berapa umur anda?
브라빠 우무르 안다
몇 살이예요?
Myeotsaliyeyo?

▸ Jam berapa anda pergi bekerja?
잠 브라빠 안다 쁘르기 브끄르자
몇 시에 일하러가요?
Myeotsie ilhareogayo?

질의응답 Pertanyaan Jawaban dan Respon

▸ Saat ini ada berapa jumlah pekerjanya?
사앗 이니 아다 브라빠 줌라ㅎ 쁘끄ㄹ자냐
지금 직원이 모두 몇 명이예요?
Jigeum jikweoni modu myetmyeongiyeyo?

▸ Berapa kali anda makan dalam sehari?
브라빠 깔리 안다 마깐 딜람 스하리
하루에 몇끼 식사해요?
Harue myeotkki siksahaeyo?

▸ Harganya berapa?
하ㄹ가냐 브라빠
얼마요?
Eolmayo?

▸ Tanggal berapakah hari ini?
땅갈 브라빠까ㅎ 하리 이니
오늘이 몇일이예요?
Oneuli myeochiliyeyo?

▸ Punya uang berapa?
뿐야 우앙 브라빠
돈이 얼마 있어요?
Donni eolmaisseoyo?

▸ Berapa lama dari Korea ke Indonesia?
브라빠 라마 다리 꼬레아 끄 인도네시아
한국에서 인도네시아까지 얼마나 걸려요?
Hanggukeseo indonesiakkaji eolmanageollyeoyo?

▸ Dari sini ke rumah seberapa jauh?
다리 시니 끄 루마ㅎ 스브라빠 자우ㅎ
여기서 집까지 얼마나 멀어요?
Yeogiseo jibkkaji eilmana meolleoyo?

▸ Bagaimana?
바가이마나
어떻게요?
Eotteokeyo?

▸ Bagaimana cuaca hari ini?
바가이마나 쭈아짜 하리 이니
오늘 날씨가 어때요?
Oneul nalssiga eottaeyo?

▸ Bagaimana anda akan pulang?
바가이마나 안다 아깐 뿔랑
어떻게 귀가 할 거예요?
Eotteokke gwiga halgeoyeyo?

▸ Makanan ini bagaimana cara makannya?
마까난 이니 바가이마나 짜라 마깐냐
이 음식은 어떻게 먹어요?
Ieumsikkeun eotteokke meogeoyo?

▸ Kapan?
까빤
언제요?
Eonjeyo?

▸ Kapan anda akan menikah?
까빤 안다 아깐 므니까ㅎ
언제 결혼할 거예요?
Eonje gyeolhobhalgoyeyo?

▸ Kapan anda akan lulus kuliah?
까빤 안다 아깐 루루ㅅ 꿀리하ㅎ
언제 졸업해요?
Eonje jolleobhaeyo?

질의응답 Pertanyaan Jawaban dan Respon

▸ Kapan anda akan pulang?
 까빤 안다 아깐 뿔랑
 언제 귀가할 거예요?
 Eonje gwega halgeoyeyo?

▸ Negara mana yang anda sukai?
 느가라 마나 양 안다 수까이
 어느 나라를 좋아해요?
 Eoneu narareul joahaeyo?

▸ Negara mana yang ingin anda kunjungi?
 느가라 마나 양 잉인 안다 꾼중이
 어느 나라 가고 싶어요?
 Eoneu nara gagosiheoyo

▸ Data yang mana yang anda inginkan?
 다따 양 마나 양 안다 잉인깐
 어느 자료를 원해요?
 Eoneu jaryoreul weonhaeyo?

▸ Makanan apa yang anda sukai?
 마까난 아빠 양 안다 수까이
 무슨 음식을 좋아해요?
 Museum eumsikkeul joahaeyo?

▸ Lagu apa yang anda sukai?
 라구 아빠 양 안다 수까이
 무슨 노래를 좋아해요?
 Museum noraereul joahaeyo?

▸ Mengapa?
 믕아빠
 왜요?
 Waeyo?

▸ Mengapa anda telat hari ini?
믕아빠   안다   뜰랏   하리 이니
오늘 왜 지각했어요?
Oneul wae jigakhaesseoyo?

▸ Kenapa anda sering batuk?
케나파   안다   세링   바뚝
왜 기침을 자주해요?
Wae gichimeul jajuhaeyo?

▸ Bagaimana anda bisa berhutang?
바가이마나   안다   비사 브ㄹ후땅
어째서 빚을 졌어요?
Eocaeseo nijeul jyeosseoyo?

▸ Benarkah?
브나ㄹ까ㅎ
맞아요?
Majayo?

▸ Benar, bukan?
브나ㄹ,   부깐
맞지요?
Majiyo?

▸ Tidak adakah?
띠닥   아다까ㅎ?
없어요?
Eobseoyo?

▸ Tidak ada, bukan?
띠닥   아다, 부깐
없지요?
Eobjiyo?

질의응답 Pertanyaan Jawaban dan Respon

- Adakah?
  아다까ㅎ
  있어요?
  Isseoyo?

- Ada, bukan?
  아다, 부깐
  있지요?
  Ijiyo?

- Tidak apa-apa?
  띠닥   아빠-아빠
  괜찮아요?
  Kwaenchanayo?

- Tidak apa-apa, bukan?
  띠닥   아빠-아빠,   부깐
  괜찮지요?
  Kwaenchanjiyo?

- Mengerti?
  믕으ㄹ띠
  이해해요?
  Ihaehaeyo?

- Mengerti, bukan?
  믕으ㄹ띠,   부깐
  이해하지요?
  Ihaehajiyo?

제2과 (Bab 2) 응답 *Jawaban dan Respon*

▶ Iya.
이야
네(예).
Ne(ye).

▶ Tidak.
띠닥
아니오.
Anio.

▶ Saya orang Cina.
사야 오랑 찌나
중국사람이예요.
Jungguk saramiyeyo.

▶ Saya mencintai anda.
사야 믄찐따이 안다
당신을 사랑해요.
Dangsineul saranghaeyo.

▶ Saya pemiliknya.
사야 쁘밀릭냐
제가 주인이예요.
Jega juiniyeyo.

질의응답 Pertanyaan Jawaban dan Respon

▸ Saya mencari uang untuk anak-anak saya.
　사야　믄짜리　　우앙　운뚝　아낙-아낙　　사야
　자식 때문에 돈을 벌어요.
　Jasik ttaemune doneul beolleoyo.

▸ Nama saya Anira.
　나마　　사야　아니라
　제 이름은 이나라예요.
　Je ireumeun inarayeyo.

▸ Uang.
　우앙
　돈이예요.
　Doniyeyo.

▸ Saya suka makan buah-buahan.
　사야　수까　마깐　　부아ㅎ-부아ㅎ한
　과일을 즐겨 먹어요.
　Gwaileul jeulgyeo meogeuup.

▸ Pegawai negeri.
　쁘가와이　　느그리
　공무원이예요.
　Gongmuweoniyeyo.

▸ Saya datang ke sini naik bis.
　아야　다땅　　끄　시니　나익　비ㅅ
　버스 타고 왔어요.
　Beoseu thago wasseoyo.

▸ Hari Rabu.
　하리　라부
　수요일이예요.
　Suyoiliyeyo.

- Jalannya mengantri/Jalanan macet.
  잘라냐   등안뜨리/   잘라난   마쯧
  차가 밀려서요.
  Chaga millyeoseoyo.

- Alasannya karena kecelakaan.
  알라산냐   까르나   쯜라까안
  교통사고가 이유예요.
  Gyothongsagoga iyuyeyo.

- Stasiun Seoul.
  스따시운   서울
  서울역에서요.
  Seoulyeokeseoyo.

- Saya datang dari Rusia.
  사야   따당   다리   루시아
  러시아에서 왔어요.
  Reosiaeseo wasseoyo.

- Saya di rumah.
  사야   디   루마ㅎ
  집에 있어요.
  Jibe isseyo.

- Saya di Jongno tiga(3).
  사야   디   종노   띠가(3)
  종로 3가에 있어요.
  Jongro sam(3)gae isseoyo.

- Pergi ke Kanada.
  쁘르기   끄   까나다
  캐나다국에 가요.
  Khaenadagukegayo.

질의응답 Pertanyaan Jawaban dan Respon

- Tiga puluh(30) tahun.
  띠가   불루ㅎ(30)   따훈
  서른(30)살이예요.
  Seoreun(30)salliyeyo.

- Saya pergi bekerja jam delapan(8) pagi.
  사야   쁘르기 브끄르자 잠   들라빤(8)   빠기
  아침 8시에 일하러 가요.
  Achim yedeol(8) sie ilhareogayo.

- Tiga puluh(30) orang.
  띠가   뿔루ㅎ(30)   오랑
  서른(30)명이예요.
  Seoreun(30)myeongiyeyo.

- Saya makan tiga(3) kali dalam sehari.
  사야   마깐   띠가(3)   깔리 달람   스하리
  하루에 세끼 먹어요.
  Harue sekki meogeoyo.

- Tanggal 8 Januari.
  땅갈   들라빤(8) 자누아리
  1월 8일이예요.
  Il(1)weol phal(8)iliyeyo.

- Saya punya dua puluh ribu(20.000) won.
  시야   뿐냐   두아 뿔루ㅎ   리부(20,000)   원
  20,000원 있어요.
  Imanweon isseoyo.

- Sekitar 5 setengah jam.
  스끼따르 리마 스뜽아ㅎ   잠
  약 5시간반 걸려요.
  Yak daseot(5) siganban geollyeoyo.

- Tidak begitu jauh.
  띠닥   브기뚜   자우ㅎ
  별로 멀지 않아요.
  Byeollo meolji annayo.

- Dengan kereta api.
  등안   끄레따   아삐
  기차로요.
  Gicharoyo.

- Tidak begitu dingin.
  띠닥   브기뚜   딩인
  별로 춥지 않아요.
  Byeollo chubji annayo.

- Dengan bis.
  등안   비ㅅ
  버스로요.
  Beoseuroyo.

- Saya makan dengan sendok dan sumpit.
  사야   마깐   등안   센독   단   숨삣
  숟가락과 젓가락으로 먹어요.
  Sutgarakgwa jeotgarakeuro meogeoyo.

- Pagi, siang dan sore.
  빠기,   시앙   단   소레
  아침과 점심 그리고 저녁에요.
  Achimgwa jeomsim geurigo Jeonyeoleyo.

- Masih belum tahu.
  마시ㅎ   블룸   따후
  아직 몰라요.
  Ajik mollayo.

질의응답 Pertanyaan Jawaban dan Respon

- Tahun depan.
  따훈 드빤
  내년에요.
  Nae nyeoneyo.

- Setelah makan malam nanti.
  스뜰라ㅎ 마깐 말람 난띠
  저녁식사 후예요.
  Jeonyeok siksahuyeyo.

- Saya paling suka Korea.
  사야 뻴링 수까 꼬레아
  한국을 제일 좋아해요.
  Hangukeul jeil joahaeyo.

- Saya ingin pergi ke Cina.
  사야 잉인 쁘르기 끄 찌나
  중국에 가고 싶어요.
  Jungguke gago sipheoyo.

- Saya ingin data terbaru.
  사야 잉인 다따 뜨르바루
  최신 자료를 원해요.
  chwesin Jaryoreul weonhaeyo.

- Saya suka makan makanan ringan.
  사야 수까 마깐 마까난 링안
  간식을 즐겨 먹어요.
  Gansikeul jeulgyeo meokkeoyo.

- Saya suka lagu Arirang.
  사야 수까 라구 아리랑
  아리랑 노래를 좋아해요.
  Arirang noraereul joahaeyo.

- Karena(ini adalah) musik tradisional.
  까르나 (이니 아달라ㅎ) 무식 뜨라디시오날
  전통음악이니까요.
  Jeonthong eumakinikkayo.

- Saya telat bangun.
  사야 뜰랏 방운
  늦게 일어 났어요.
  Neukke illeonasseoyo.

- Sepertinya(saya) demam.
  스쁘ㄹ띠냐 (사야) 드맘
  감기에 걸린 것 같아요.
  Gamgie geollin geottgathayo.

- Masih belum punya pekerjaan.
  마시ㅎ 블룸 뿐냐 쁘끄ㄹ자안
  아직 직업이 없어서요.
  Ajik jikeobi eobseoseoyo.

- Tidak benar.
  띠닥 브나ㄹ
  안맞아요.
  Anmajayo.

- Ada/punya.
  아다/ 뿐냐
  있어요.
  Isseoyo.

- Tentu saja.
  뜬뚜 사자
  물론이지요.
  Mullonijiyo.

질의응답 Pertanyaan Jawaban dan Respon

- Tidak ada.
  떠각   아다
  없어요.
  Eobseoyo.

- Bukan.
  부깐
  아니요.
  Aniyo.

- Menjadi baik/membaik.
  믄자디   바익/ 믐바익
  좋아졌어요.
  Joajyeosseoyo.

- Masih belum (pasti/jelas).
  마시ㅎ 블룸   (빠ㅅ띠/ 즐라ㅅ)
  아직 확실지 않아요.
  Ajik hwaksilji annayo.

- Masih belum mengerti.
  마시ㅎ 블룸   믕으ㄸ떠
  아직 이해 못해요.
  Ajik ihae jothaeyo.

- Ya, begitu.
  야, 브기뚜
  네, 그래요.
  Ne, geuraeyo.

한글-인도네시아 양국 편람

목록	인도네시아	한국
공식 국명	인도네시아공화국	대한민국
위치	아시아 동남부	동북아시아 대륙
면적	190만 4,569km²	99,300km²
수도	자카르타	서울
민족	350 민족	한인족
인구	2억4,545만 2,739명	4,500만명
국기	메라ㅎ 뿌띠ㅎ(빨간 하얀)	태극기
기후	판차실라(Pancasila)	대륙성
언어	바하사 인도네시아(1945)	한국어(1443년)
정치제도	국민대표기관인 국민협	민주주의
국가원수	대통령	대통령
화폐 단위	루피아	원
의회	양원제	양원제
회계연도	1월 1일 ~ 12월 31일	1월 1일 ~ 12월 31일
국민 소득	3,563 달라	25,000달러
국화	쟈스민	무궁화

한글-인도네시아 양국 편람

목록	인도네시아	한국
종교	이슬람교	불교
	개신교	기독교
	가톨릭	카톨릭
	힌구교	유교
	불교	
계절	일년 내내 23~35℃	봄
	건기	여름
	우기	가을
국경일	국가지정 공휴일: 도합 14일	설날: 1월 1일
	1월1일: 신정	음력 설날: 음 1월 1일
	2월3일: 구정	3.1절: 3월 1일
	2월15일: 모하메드 탄생일	식목일: 4월 5일
	3월5일: 힌두교 신년일	근로자의 날: 5월 1일
	4월22일: 예수 승천일	석가모니 부처 탄신일: 음 4월 8일
	5월17일: 석가 탄신일	어린이날: 5월 5일
	6월2일: 예수 부활절	현충일: 6월 6일
	6월29일: 모하메트 성지순례 출발일	광복절: 8월 15일
	8월30,31일: 르바란	추석: 음 8월 15일
	11월6일: 이슬람 희생제	개천절: 10월 3일
	11월27일: 이슬람 신년일	성탄절: 12월 25일
	12월25일: 크리스 마스	

Memo